A diferença entre todo e soma (*Ganzem und Summe*), entre *ân, totum e compositum* é conhecida desde Platão e Aristóteles. Com isso, no entanto, ainda não se reconheceu e nem se elevou ao conceito a sistemática da variação categorial já encerrada nessa distinção.

CLÁUDIO OLIVEIRA

DO TUDO E DO TODO

ou *De uma Nota de Rodapé do Parágrafo 48 de* Ser e Tempo

(Uma Discussão com Heidegger e os Gregos)

Circuito

COPYRIGHT © 2014, CLÁUDIO OLIVEIRA
Todos os direitos reservados

COORDENAÇÃO EDITORIAL
Renato Rezende

PROJETO GRÁFICO
Rafael Bucker

DIAGRAMAÇÃO
Editoriarte

REVISÃO:
Leandro Salgueirinho

Dados Internacionais de Catalogação na Publicação (CIP)
(Câmara Brasileira do Livro, SP, Brasil)

Oliveira, Cláudio
    Do tudo e do todo ou de uma nota de rodapé do parágrafo 48 de *Ser e Tempo* (uma discussão com Heidegger e os gregos) / Cláudio Oliveira. – Rio de Janeiro : Editora Circuito : FAPERJ, 2015.

    Bibliografia.

    1. Filosofia – História 2. Heidegger, Martin, 1889-1976 – Filosofia 3. Linguagem 4. Metafísica 5. Ser e tempo 6. Totalidade I. Título.

15-00749   CDD-115

Índices para catálogo sistemático:
1. Ser e tempo : Filosofia 115

SUMÁRIO

PRÓLOGO 7

INTRODUÇÃO 13

CAPÍTULO I 23
Do elemento e do lógos: a discussão no Theeteto

CAPÍTULO II 53
Do poder e do ato: a discussão na Metafísica

CAPÍTULO III 77
Do tudo, do todo e do algo:
a discussão etimológica, morfológica e ontológica

CAPÍTULO IV 107
Do todo e da morte: a discussão em Ser e Tempo

    1) *Do Dasein como todo* 107

    2) *Do todo, do fim e da morte* 120

    3) *Do todo, do um e da morte* 126

CONCLUSÃO 139

BIBLIOGRAFIA 143

ANEXO 149
A filosofia e os pronomes, ou Da metafísica à
ética em Giorgio Agamben

para Carmen Lúcia Magalhães Paes,
minha "orientadora", com amor, fascínio e gratidão.

PRÓLOGO

Este livro é a publicação da minha tese de doutorado defendida no Programa de Pós-Graduação em Filosofia (PPGF) da UFRJ em dezembro de 2000. Foi com grande hesitação que finalmente me decidi a publicá-la, mais de 14 anos depois de sua defesa. Ela segue tal como foi defendida naquela ocasião, sem nenhuma alteração significante.

A ideia da tese teve sua origem num conjunto de palestras proferidas em 1996 numa escola de psicanálise do Rio de Janeiro, a Letra Freudiana, sobre o Seminário XIX de Lacan, ...Ou Pior, quando este seminário ainda não se encontrava estabelecido por Jacques-Alain Miller e o acesso a ele se dava através de versões não autorizadas. O convite se deveu ao fato de que o Seminário XIX de Lacan trata em grande parte do *Parmênides* de Platão e da *Metafísica* de Aristóteles, o que fez com que os psicanalistas daquela escola tivessem necessidade de convidar um especialista em filosofia antiga para auxiliá--los na leitura do Seminário, o que me obrigou a ler aqueles textos de Platão e Aristóteles de um modo até então inédito para mim, sem contar que, naquela ocasião, meus conhecimentos de Lacan eram mínimos, tendo eu lido, até então, apenas um de seus seminários, o XX: *Mais, ainda*. O impacto dessa nova leitura foi tal que decidi dar continuidade a ela em meu Doutorado, que tinha sido iniciado dois anos antes. De início, imaginei que escreveria uma tese sobre o *Parmênides* de Platão e a leitura que Lacan empreende desse diálogo no Seminário XIX, mas encontrei na época enormes resistências à ideia de escrever uma tese de fundamentação psicanalítica num Programa de Pós-Graduação em Filosofia, o que me fez desistir do projeto. A questão, todavia, que tinha surgido da leitura do Seminário, sobretudo a partir da noção lacaniana de "nao-todo", me levou a olhar para uma singela nota de rodapé do parágrafo 48 de *Ser e Tempo* de um modo novo. Em última instância, depois de ter lido o Seminário XIX de Lacan, me dei conta, pela primeira vez (embora já fosse um leitor de Heidegger desde a graduação e o mestrado), de toda a problemática envolvida na noção de "todo" na segunda seção de *Ser e Tempo*. A nota de rodapé fazia referência aos termos gregos *pân* e *hólon* e remetia a Platão e Aristóteles, do mesmo modo como Lacan o fazia em seu Seminário, mesmo que ele não se referisse à diferença entre os termos gregos. Propus-me, então, a tratar da questão não mais a partir da discussão de Lacan com Platão e Aristóteles, mas a partir da discussão de Heidegger com esses mesmos filósofos. O que se seguiu a partir daí não deixou de me surpreender a cada momento. Para ser breve, eu não tinha a menor ideia de para onde a tese me conduziria e, no dizer da minha orientadora, a professora Carmen Lúcia Magalhães Paes, fiz um trabalho de extrair leite de pedra. Afinal, escrever uma tese de doutorado sobre uma nota de rodapé e pretender, ao mesmo tempo, falar do "tudo" e do "todo" parecia um projeto sob todos os aspectos inviável. Mas eu não tinha escolha. A nota de rodapé não me deixava em paz e foi assim que eu segui insistindo nela.

Hoje, parece-me que a conquista teórica da tese é bem modesta. Talvez pudesse descrevê-la de modo sucinto dizendo que ela tenta construir dois conceitos de totalidade, a partir de Heidegger e dos gregos: o de uma totalidade aberta, descrita pelo termo grego *pân*, e o de uma totalidade fechada, descrita pelo termo grego *hólon*. Acrescente-se a isso a ideia de que a totalidade característica do *Dasein*, o termo com o qual Heidegger pensa o ser do homem, só pode ser entendida como uma totalidade aberta.

Relendo a tese hoje, eu diria que o que mais me atrai nela é seu caráter experimental, no que diz respeito à sua escrita. Em outros termos, acho que a tese pode ser lida como um grande diálogo entre três línguas: o grego, o alemão e o português. Que o meu percurso filosófico tenha me levado, depois, a me tornar um tradutor, parece-me, hoje, apenas uma consequência natural desse ponto de partida. Em última instância, o que sempre mais me interessou em filosofia, desde o começo, e ainda hoje, é a sua relação com a linguagem e, para ser ainda mais preciso, a sua relação com a(s) língua(s). Continuo a ler os filósofos menos como pensadores e mais como escritores. Não acredito em nenhum pensamento que não se construa na linguagem e em uma língua. E se Heidegger e os gregos me interessaram por tanto tempo (e ainda me interessam), é seguramente pelo modo como neles a filosofia se constrói, explicitamente, como um livre jogo com a linguagem.

A tese deixou inúmeras lacunas. Uma das maiores, talvez, tentei preencher oito anos depois de sua defesa, com um artigo sobre Giorgio Agamben (um autor que viria a me ocupar de uma maneira cada vez mais intensa nos anos que se seguiram). Embora eu já fosse na ocasião um leitor de Agamben e tenha citado, na tese, *A comunidade que vem* (ainda através de uma tradução francesa, sem jamais poder imaginar que eu viria a me tornar, mais tarde, o tradutor desse livro no Brasil), no momento da escrita da tese eu ainda desconhecia totalmente *A linguagem e a morte*, sua obra publicada em 1982. Ao lê-la, alguns meses após a defesa, vi inúmeros pontos de conexão com o que eu tinha tentado escrever. Dentre os aspectos em comum com a tese, saltou aos olhos o problema dos pronomes que Agamben desenvolve a partir de Jakobson e Benveniste, autores que eu já conhecia então, por ser um leitor de Lacan, para quem esses linguistas tinham sido referências igualmente fundamentais, mas cujos textos sobre os pronomes eu desconhecia completamente. Para tentar preencher, mesmo que precariamente, essa lacuna, publico aqui, como anexo, parte de um artigo que eu escrevi sobre *A linguagem e a morte* para o livro organizado em 2008 pelo meu amigo Alberto Pucheu: *Nove abraços no inapreensível: filosofia e arte em Giorgio Agamben*, publicado pela editora Azougue.

Mas talvez a lacuna maior que a tese deixou foi o fato de eu, no fim das contas, não ter escrito (a não ser pontualmente) sobre o texto que tinha sido o desencadeador inicial e fundamental da tese: o *Parmênides* de Platão. Esta é uma lacuna que ficará talvez como uma lacuna para todo o sempre.

Seduzível conheceu-se, ele, de encarar sempre o tudo?
João Guimarães Rosa, *Primeiras Estórias*.

"Tudo, tudo".
Clarice Lispector, *Perto do Coração Selvagem*.

INTRODUÇÃO

No parágrafo 48 de *Ser e Tempo*, há uma nota de rodapé, em que se lê:

> A diferença entre todo e soma (*Ganzem und Summe*), *hólon* e *pân*, *totum* e *compositum* é conhecida desde Platão e Aristóteles. Com isso, no entanto, ainda não se reconheceu e nem se elevou ao conceito a sistemática da variação categorial já encerrada nessa distinção.[1]

Esta nota me intrigou durante muito tempo. Acho mesmo que todo o percurso deste livro pode ser entendido como uma tentativa de entender o seu sentido, o que não quer dizer "elevar ao conceito a sistemática da variação categorial encerrada nessa distinção". Talvez o que se tente aqui seja reconhecê-la e ver o que surge desse reconhecimento.

---

1 HEIDEGGER, Martin. *Sein und Zeit*. Tübingen: Max Niemeyer, 1993. p. 244, nota 1.

Na nota, alguns elementos me surpreendem. Primeiro, o fato de que Heidegger traduza *pân* pelo termo alemão *Summe*, fazendo-os corresponder, por sua vez, ao latino *compositum*. Heidegger busca na distinção grega entre *hólon* e *pân*, e na latina entre *totum* e *compositum*, um correspondente à distinção, em alemão, entre *Ganze* e *Summe*, "todo" e "soma". Trata-se, na ocasião, de distinguir o *todo* do *Dasein* (o termo alemão com o qual Heidegger designa o homem) de uma soma. À medida que traduz *hólon* por *Ganze*, Heidegger traduz, correspondentemente, *pân* por *Summe*. Tal tradução não é incomum. Prova--o a enorme quantidade de tradutores de textos gregos que a adotam. Há problemas aí envolvidos, no entanto.

Do ponto de vista da língua, o correspondente latino ao par *hólon-pân* seria *totum-omne*, e não *totum-compositum*, assim como o correspondente alemão seria *Ganze-All*, e não *Ganze-Summe*. A tradução de Heidegger, e de todos que a seguem, revela uma confusão que se produz já na própria língua grega em torno dos termos *hólon* e *pân*.

Consultando Chantraîne[2], verificamos que o campo semântico desses termos se confunde desde muito cedo. Chantraîne indica o paralelismo semântico entre *hólos* e o latino *totus*, *pâs* e o latino *omnis*, mas também o fato de que, na diacronia, *hólos* eliminou *pâs* como *totus* eliminou *omnis*. Em grego moderno, diz-se *hólos* para "todo", *hóloi* para "todos", o mesmo ocorrendo em línguas neolatinas, em que os termos derivados de *totus* traduzem tanto *totus* quanto *omnis*:

---

2 CHANTRAÎNE, Pierre. *Dictionaire Étymologique de la Langue Grecque*. Paris: Klincksieck, 1968. 2 v. v. 2. p. 794.

em português, traduzimos, em geral, ambos os termos por "todo". Em alemão, no entanto, a língua dispõe de diferentes étimos em correspondência semântica com os gregos *hólon* e *pân* e os latinos *totus* e *omnis*: respectivamente, *ganz* e *all*. Mas, também aí, o valor semântico desses termos se confunde, como já acontecia em grego e em latim. Talvez por isso, Heidegger não faça uso, em nenhum momento, da distinção entre *Ganze* e *All*, para indicar uma distinção entre dois modos de totalidade, nem pense em dela se servir para traduzir a distinção entre *hólon* e *pân*. Ao contrário, usa ambos os termos indiscriminadamente[3].

Em *Ser e Tempo*, encontramos sempre *Ganze*, ao se falar da *totalidade* (*Ganzheit*) do *Dasein*. Mas não é incomum, no entanto, encontrarmos *All*, em formulações do tipo "*die Ontologie des Alls des Seienden im Ganzen*"[4], "a ontologia da totalidade do ente em seu todo", em que ambos os termos aparecem, criando problemas para a sua tradução[5].

---

3 Também Schleiermacher, um exemplo importante da tradição alemã, não se serve da correlação *Ganze-All* para traduzir a grega *hólon-pân* (Platon, *Sämtliche Werke*. In der Übersetzung von Friedrich Schleiermacher. Reinbeck bei Hamburg: Rowohlt, 1960. 6 v.) e, em sua tradução dos diálogos de Platão, traduz, em geral, tanto *tò pân* quanto *tò hólon* por *das Ganze*. Temos, por outro lado, como outro exemplo importante da tradição alemã, Diels (*Die Fragmente der Vorsokratiker*. Griechisch und Deutsch von Hermann Diels. Herausgegeben von Walther Kranz. Unveränderter Nachdruck der 6. Auglage 1951. Zürich.Hildesheim: Weidmann, 1992. 3 v.), que, em suas traduções dos fragmentos pré-socráticos, faz corresponder, sistematicamente, à correlação *hólon-pân*, o par alemão *ganz-all*.
4 HEIDEGGER, Martin. *Sein und Zeit*. p. 248.
5 Adoto aqui a tradução brasileira (HEIDEGGER, Martin. *Ser e Tempo*. Tradução de Márcia de Sá Cavalcanti. Petrópolis: 1988. 2 v. v. 2. p. 30) que opta, conforme a tradição, por manter ambos os termos traduzidos pelos derivados,

Em *O que é Metafísica?*, são numerosas as aparições de *"die Allheit des Seienden"*[6] em equivalência a *"das Ganze des Seienden"*[7] ou a *"das Seiende im Ganzen"*[8] e, mesmo, o aparecimento simultâneo de ambos os termos numa só expressão, como a que encontramos em *Ser e Tempo*, em *"das Ganze des Seienden in seiner Allheit"*[9], "o todo do ente em sua omnitude"[10]. Em *Da Essência do Fundamento* (1929), um texto bem próximo de *Ser e Tempo* e *O que é Metafísica?*, encontramos "mundo" (*Welt*) como título para *"alles, was ist, die Allheit, als die das "Alles" über*

---

em português, de *totus*, traduzindo *Das All* por "a totalidade" e *im Ganzem* por "em seu todo" ("a ontologia da totalidade dos entes em seu todo"). Mas, ao traduzir *das All*, em algumas ocasiões, por "o tudo" (inspirando-me em Guimarães Rosa), creio que se marca uma diferença mais "audível", até mesmo pela estranheza da formulação. Além disso, "tudo", apesar de também ser derivado de *totus*, é normalmente um pronome substantivo, além de ser um invariável, isto é, algo que o aproxima do sentido neutro do grego *pân*.
6 HEIDEGGER, Martin. *Was ist Metaphysik?* Frankfurt A. M.: Vittorio Klostermann, 1998. p. 30 a 32.
7 *Id. Ibid.* p. 32, 33.
8 *Id. Ibid.* p. 33, 34 e 36.
9 *Id. Ibid.* p. 32.
10 "Omnitude" é a proposta de tradução (que adoto) de Ernildo Stein para *Allheit*, quando traduz a passagem por "a totalidade do ente em sua omnitude", cf. HEIDEGGER, Martin. *Conferências e Escritos Filosóficos*. Tradução, introduções e notas de Ernildo Stein. (Coleção Os Pensadores). São Paulo: Abril Cultural, 1979. p. 38. Esta é, no entanto, a única ocasião em que o tradutor se serve da tradução de *Allheit* por "omnitude", à qual não se mantém fiel, nem nesse texto, nem em outros. Stein parece ver-se obrigado a utilizar "omnitude" pelo fato da ocorrência simultânea, na passagem, de *Ganze* e *Allheit*. O uso do erudito "omnitude" para traduzir o alemão *Allheit* revela uma tentativa clara, talvez a única, em português, de retomada da diferença entre *totus* e *omnis* como possibilidade de tradução da diferença entre *ganz* e *all* e, por conseguinte, entre *hólon* e *pân*.

eine Zusammennehmung hinaus nicht weiter bestimmende Einheit"¹¹, "tudo o que é, a omnitude como a unidade que determina o 'tudo' como não mais que um tomar-em-con--junto"¹². A ambiguidade que envolve a noção de omnitude (*Allheit*) obriga Heidegger, no entanto, a fazer a restrição de que se trata de algo diferente (*etwas anderes*) "da omnitude do ente atualmente simplesmente dado" (*die Allheit des gerade vorhandenen Seienden*)¹³.

Essas formulações mostram que em nenhum momento *All* é claramente distinto de *Ganze*. Heidegger vê, na verdade, em ambos os termos, uma mesma ambiguidade fundamental, diante da qual se mantém prudente até o fim. No curso sobre Heráclito, realizado juntamente com Eugen Fink, no semestre de inverno de 1966/1967 – portanto, muito tempo depois da nota de rodapé de *Ser e Tempo* –, Heidegger ainda se mantém cauteloso quanto a essa ambiguidade. Referindo-se à dificuldade de tradução do grego *tà pánta* nos fragmentos de Heráclito – dificuldade que domina as discussões durante todas as três primeiras sessões do seminário –, Heidegger afirma:

---

11 HEIDEGGER, Martin. *Vom Wesen des Grundes*. Frankfurt A. M.: Vittorio Klostermann, 1995. p. 20.
12 Tradução de Stein: "tudo o que é, a totalidade, como unidade que determina o "tudo" como uma reunião e nada mais além", *op. cit.*, p. 106. Aqui vemos a única tradução, ao que eu saiba, de *das "Alles"* por o "tudo", e, mesmo assim, talvez porque se trate de *das "Alles"*, o pronome no neutro substantivado (entre aspas no original, como se Heidegger se referisse ao termo) e não de *das All*, o substantivo. Por outro lado, confirmando o que disse na nota 10, Stein traduz, aqui, *Allheit* por "totalidade", não se servindo da proposta, por ele mesmo adotada anteriormente, de "omnitude".
13 HEIDEGGER, Martin. *Vom Wesen des Grundes*. p. 21.

Nossa tarefa, agora, consiste em olharmos com cautela (*umsehen*), em Heráclito, o que quer dizer *tà pánta*. Em que medida, nele, uma distinção entre "tudo" ("*alles*") no sentido dos indivíduos somados (*im Sinne des summierten einzelnen*) e "tudo" ("*alles*") no significado da omnitude abarcante (*in der Bedeutung der umfangenden Allheit*) era já possível, é uma questão aberta.[14]

Aqui vemos *tà pánta* traduzido por *alles* e não por *das Ganze*, mas não sem a referência à ambiguidade do termo. É uma cautela considerável para alguém que passou toda uma vida debruçado sobre os fragmentos de Heráclito. De qualquer modo, a prudência de Heidegger, no mesmo seminário, parece ainda maior quanto a *Ganze*, como quando afirma que, "em relação a *tà pánta*, deveríamos falar da *Gesamtheit*[15] e não da *Ganzheit*"[16], e isso, "primeiramente, para não se correr o perigo de que, com *das Ganze*, seja dada a última palavra"[17]. A seu ver, *tà pánta* não pode ser compreendido como "um todo simplesmente dado" (*ein vorhandenes Ganzes*), nem a formulação *ek pánton hén* poderia significar – a não ser inocentemente (*naiv*) – que "de todas as partes um todo

---

14 HEIDEGGER, Martin-FINK, Eugen. *Heraklit*. Seminar Wintersemester 1966/1967. Frankfurt A. M.: Vittorio Klostermann, 1970. p. 13.
15 Outra palavra de difícil tradução e que também é constante nesse jogo de diferenciação entre *Allheit* e *Ganzheit*. *Gesamtheit* diz a qualidade do que se encontra reunido, de *sammeln*, "juntar, reunir, coletar", numa proximidade semântica muito grande com o grego *légein*. É de qualquer modo significativo que, no seminário, Heidegger questione a compreensão, de Fink, de *Gesamtheit* como "o todo" (*das hólon*) e, por consequência, "universal" (*kathólon*), Id. Ibid. p. 50.
16 *Id. Ibid.* p. 50-51.
17 *Id. Ibid.* p. 51.

é constituído" (*aus allen Teilen ein Ganzes zusammengestückt wird*)[18]. Não se trata, aqui, a seu ver, de modo algum, de um todo "aditivo" (*ein summatives Ganzes*) nem, sobretudo, da relação entre parte e todo (*von Teil und Ganzem*)[19].

São passagens que ilustram a dificuldade da questão e a prudência, quanto a ela, requerida. No que diz respeito tanto a *Ganze* quanto a *All*, o importante primeiro, para Heidegger, parece ser distinguir ambos de *Summe*. Eles mesmos, no entanto, permanecem, entre si, indistintos.

Isso talvez explique por que, na nota de rodapé do parágrafo 48, em que trata de *Ganze*, Heidegger veja, na diferença entre os gregos *hólon* e *pân*, um correspondente à distinção entre *Ganze* e *Summe*, entre "todo" e "soma", mesmo que a oposição fundamental entre *Ganze* e *All*, como a entre *hólon* e *pân*, não se reduza a essa distinção. Há aí uma distinção mais fundamental, mais originária, entre dois modos de totalidade, em relação aos quais a "soma" é já um modo derivado e tardio. Em *Ser e Tempo*, tal distinção fundamental seria não entre *Ganze* e *Summe*, mas entre dois modos distintos de *Ganze* – já que Heidegger não se serve da distinção entre *Ganze* e *All* para indicar tal diferença. No parágrafo 48, onde a nota de rodapé surge, a ideia de "soma" é apenas a primeira considerada como inadequada ontologicamente à ideia de *totalidade* que está em jogo no *ser-todo* do *Dasein*: esta também não se deixa definir pelas ideias de completude (*Vollendung*)[20],

---

18 *Ibid*. p. 36.
19 *Ibid*.
20 *Id. Sein und Zeit*. p. 244.

acabamento (*Fertigkeit*)[21] ou perfeição (*Vollkommenheit*)[22], ideias que definem uma compreensão de totalidade distinta da soma, mas que perfazem, por outro lado, precisamente, o sentido do termo grego *hólon* bem como do alemão *Ganze*. Nas observações sobre *Ganze* que faz no curso junto com Fink, Heidegger mostra-se bem mais desconfiado quanto a esse termo do que quanto a *All*, além de chamar atenção para um fato que permanece silenciado na nota de rodapé de *Ser e Tempo*: o de que *Ganze* (como o grego *hólon*) envolve sempre uma relação essencial com a parte (*Teil*, em grego *méros*), relação que se encontra ausente quando pensamos em *All*, assim como quando pensamos no grego *pân*.

Parece-me, aqui, poder-se afirmar duas coisas: não só a oposição fundamental entre *hólon* e *pân* não é aquela entre "todo" e "soma"; mas, também, que, entre *hólon* e *pân*, é sobretudo a partir de *pân*, ao contrário do que diz a nota de rodapé, que se pode constituir uma ideia de *totalidade* adequada ontologicamente ao *Dasein*: uma ideia de *totalidade* que não corresponde nem à ideia de soma, nem à ideia de um todo constituído de partes, nem às ideias de completude, acabamento ou perfeição. Apesar da tradução de *pân* por *Summe*, na nota de rodapé, a *totalidade* característica do *Dasein* só pode ser entendida como uma totalidade, como um "tudo" (*pân*) e não como um todo (*hólon*), o que, obviamente, só ficará claro à medida que esclarecermos em que consiste a diferença entre o tudo e o todo, entre *tò pân* e *tò hólon*.

---

21 *Id. Ibid.*, p. 245.
22 Cf. o parágrafo 58, sobretudo p. 283.

Ao traduzir *pân* por *Summe*, Heidegger refere-se a Platão e Aristóteles. É uma referência geral, na qual não somos remetidos a nenhum texto específico; como se Heidegger entendesse tal distinção como presente em toda a obra desses pensadores, simplesmente pelo uso que os mesmos fazem desses termos, ainda que a distinção não tenha sido por eles "elevada ao conceito". Creio que possamos dar, como fontes mais precisas dessas referências, determinadas passagens da obra de Platão e Aristóteles que parecem aqui privilegiadas: respectivamente, a passagem final do *Theeteto* (201c-210d) e os capítulos 26, do livro V (1023b26-1024a10), 17, do livro VII, e 3, do livro VIII (1043a29-1044a14), da *Metafísica*. Não só porque nessas passagens pergunta-se explicitamente pela diferença entre os termos *hólon* e *pân* como uma diferença que parece poder corresponder àquela entre "todo" e "soma" (sobretudo no *Theeteto*), mas também porque, ao traduzir *pân* por *Summe*, Heidegger o coloca em correspondência com o termo latino *compositum* (grego *synthetos*), "composto". É uma correspondência que, mais uma vez, surpreende, pois encontramos o termo *compositum* onde se esperaria o termo latino *summa*, origem etimológica óbvia do alemão *Summe*. À questão de se saber por que Heidegger traduz *pân* por *Summe* deve, portanto, ser acrescentada a de saber por que *Summe*, a "soma", pode ser entendida como *compositum*, e ambos como traduções adequadas de *pân*. É sobretudo essa segunda questão que me faz acreditar nas passagens indicadas do *Theeteto* e da *Metafísica* como as fontes da referência de Heidegger a Platão e Aristóteles.

Na passagem final do *Theeteto*, toda a discussão travada consiste precisamente em decidir se se deve entender o "composto" como um "todo" ou como uma "soma", os termos de que Sócrates se serve para marcar essa diferença, respectivamente, sendo *hólon* e *pân*: um uso que, mesmo dentro do diálogo, surpreende, obrigando Sócrates a colocar o problema da distinção entre os termos. Do mesmo modo, no capítulo 17, do livro VII, bem como no capítulo 3, do livro VIII, da *Metafísica*, ao tratar do problema da natureza do composto (*synthetos*), Aristóteles se utiliza de distinções feitas no capítulo 26 do livro V – que trata do termo *hólon*[23], mas onde Aristóteles se vê obrigado a falar da distinção entre *hólon* e *pân* –, para tratar da questão. Acompanhar essas passagens talvez permita entender por que, a despeito do que seria esperado, Heidegger traduz, na nota de rodapé de *Ser e Tempo*, *pân* por *Summe* e *compositum*, e não por *All* e *omne*, e também por que, nela, não se encontra, na distinção entre *hólon* e *pân*, uma ocasião para se pensar uma distinção mais fundamental entre dois modos possíveis de totalidade, que não é desconhecida, no entanto, do pensamento grego, e que é determinante para a questão, desenvolvida na segunda seção de *Ser e Tempo*, acerca da totalidade com caráter de *Dasein* (*die daseinsmässige Ganzheit*) e do possível ser-todo do *Dasein* (*das mögliche Ganzsein des Daseins*).

---

23 Não há, no livro V, um capítulo dedicado a *pân*, o que parece já significativo.

CAPÍTULO I
Do elemento e do lógos: a discussão no Theeteto

A TENTATIVA DE DISTINGUIR *PÂN* E *HÓLON*, no *Theeteto*, surge no momento final do diálogo, em que, após o fracasso das tentativas anteriores de definição da ciência (*epistéme*), Theeteto propõe mais uma, a última (que também fracassará): opinião verdadeira acompanhada de *lógos*. Como se chega daí à diferença entre *hólon* e *pân*? A resposta é: através do elemento e do *lógos*. Mas o que o elemento e o *lógos* têm a ver com *hólon* e *pân*?

A definição de *epistéme* como opinião verdadeira acompanhada de *lógos* é explicada por Theeteto como pressupondo uma diferença fundamental entre as coisas das quais não há *lógos*[1] (*hôn mèn mé esti lógos*) e as que o têm (*há d'ékhei*), só

---

1 Não traduzo aqui *lógos*, mas, em toda a fala de Sócrates, *lógos* envolve sempre algum modo de *syn* (*synkeímetha, synkeímena, symplakénta, symplokèn, syllabàs*) ou de *prós* (*proseipeîn, prostítesthai, prosphérei, prosoistéon, prosphéresthai*): de composição no sentido de pôr algo *com* (*syn*) algo, de pôr algo *ao lado de* (*prós*) algo. *Syn*, como sabemos, é a preposição que, em Heráclito,

havendo ciência dessas últimas, uma vez que a ciência consistiria em dar o *lógos* do que se tem opinião verdadeira. Do que se tem opinião verdadeira, há necessariamente um *lógos*, embora a opinião, mesmo verdadeira, não seja suficiente para apreendê-lo. Sua apreensão é, segundo Theeteto, aquilo em que consistiria a ciência. Por isso, as opiniões verdadeiras sem *lógos*² (*tèn dè álogon*, 201d) estariam fora da ciência (*ektòs epistémes*).

Sócrates considera tal compreensão um sonho. Mas decide sonhar também: um sonho em resposta a outro (*ónar antì oneíratos*)³. Seu sonho consiste, como o de Theeteto, no que ouviu de alguns (*tinôn*, 201e), segundo os quais, os primeiros elementos (*tà mèn prôta stoikheîa*) de que nos constituímos (*synkeímetha*), nós e todas as coisas⁴, não teriam *lógos* (*lógon ouk ékhoi*), seriam "sem *lógos*"⁵ e incognoscíveis (*áloga kaì*

---

concentra a experiência do *lógos*. *Prós*, por sua vez, é a preposição com a qual Aristóteles pensa a categoria da relação (*prós ti*). Cf. *Metafísica*, 1020b26--1021b11. Sobre *lógos* como "relação", ver à frente.

2 Entenda-se, aqui, "sem *lógos*", num sentido diferente daquele em que Sócrates dirá que o elemento é "sem *lógos*". A opinião é sempre sobre algo que possui um *lógos*. A opinião "sem *lógos*" é apenas aquela que não é acompanhada do *lógos* daquilo de que é opinião. O elemento é "sem *lógos*" num outro sentido, mais radical: ele é, em si mesmo, o "sem *lógos*", dele não pode ser dado nenhum *lógos* e, por isso, dele não pode haver ciência.

3 O *Fédon* nos conta, em seu início, que, perto da morte, Sócrates começa a reinterpretar o sentido de seus sonhos.

4 O sonho de Sócrates não nos distingue das coisas, e, nesse sentido, a questão de saber se um composto é um *hólon* ou um *pân*, vale tanto para as coisas como para os homens.

5 Em grego, *álogon* é um adjetivo que se constrói com a negação de *lógos*, como, por exemplo, *átopon* ("estranho", literalmente "sem lugar"), com a negação de *tópos*, "lugar". Não é, aliás, sem lugar, a relação, aqui, com *átopon*. O

ágnosta, 202b); mas as coisas constituídas a partir deles (tà dè ek toúton éde synkeímena), os compostos (tàs dè syllabàs)⁶, não só teriam *lógos*, como a ciência consistiria precisamente na sua apreensão. Os elementos seriam sensíveis (*aisthetà dè*), mas não cognoscíveis; os compostos seriam dizíveis (*rhetàs*) e julgáveis com um juízo verdadeiro (*aletheî dóxei doxastás*), mas só cognoscíveis uma vez que se apreenda o *lógos* do que se diz (*eírei*) e julga (*doxádzei*)⁷. Não ter a ciência do *lógos* é não ter a ciência do composto.

No dizer e julgar, a alma já está no âmbito da verdade (*aletheúein mèn*, 202c), mas não no da ciência (*gignóskein d' oú*).

---

lugar, *tópos*, não é sem a relação, *lógos*. O lugar é um modo de *lógos*. O que não tem lugar é o que não pode ser localizado, isto é, o que não pode ser relacionado, referido a outra coisa. Todo lugar é, por isso, uma relação, um *lógos*. A relação entre *tópos* e *lógos* fala do caráter absolutamente discursivo (*logikós*) do lugar (Cf. a respeito as considerações sobre a espacialidade em sentido existencial (entenda-se: discursivo) do *Dasein*, nos parágrafos 22, 23 e 24 de *Ser e Tempo*). *Álogon* é, em geral, traduzido por "irracional". Adotei "sem *lógos*", deixando o termo *lógos* sem tradução. Até porque toda a passagem final do *Theeteto* não é senão uma grande interrogação acerca do que quer dizer *lógos*. Creio que nela fica claro o sentido primordial e permanente de *lógos* como *relação*, mas parece-me, aqui, insuficiente "traduzir": a própria discussão do *Theeteto* é uma demonstração mais do que cabal de que nem os gregos tinham uma outra palavra para dizer o que é *lógos* e que o *lógos* permaneceu para eles sempre a maior de todas as questões. As traduções usuais por "razão" ou "definição" parecem-me decididamente insuficientes nesse contexto.
6 Quanto à tradução de *syllabé* (literalmente "o que se toma com") por "composto", cf. Michel Narcy, nota 422 à sua tradução do *Theeteto* (Platon, *Théétète*). Traduction inédite, introduction et notes par Michel Narcy. Paris: GF-Flammarion, 1994. p. 366-367).
7 Com isso recapitulam-se as definições anteriores de ciência que foram negadas ao longo do diálogo: a ciência não é nem sensação nem opinião verdadeira. Esclarece-se aqui o que lhes falta: o *lógos*.

O *gignóskein* visaria a algo além do *aletheúein*, a ciência buscaria algo além da verdade. A opinião, sendo verdadeira, ainda não é "científica", ainda não está de posse do que possui: não tem ciência do que tem opinião: não *sabe* o que "sabe". Mas Sócrates não se detém sobre esse ponto.

O importante, para ele, e para a nossa questão, é que, como diz o sonho, se o que se diz e julga é o composto (*he syllabé*), se dele há sempre um *lógos*, é que ele não é senão um *lógos*: de elementos (*stoikheîa*). E assim como estes se entrelaçam (*péplektai*), do mesmo modo, dos seus nomes entrelaçados (*symplakénta*) nasce um *lógos*.

O sonho de Sócrates antecipa, diante de Theeteto, aquilo que será, amanhã, a definição do estrangeiro de Eleia: a *essência* (*ousía*) do *lógos* é o entrelaçamento[8] de nomes (*onomáton*

---

[8] Do entrelaçamento fala também Aristófanes, no *Banquete*, ao descrever o desejo de união entre as "metades" de homem (*anthrópou symbolon*), que cada um de nós somos, entrelaçando-se entre si (*symplekómenoi allélois*, 191a). É também no entrelaçamento (*en têi symplokêi*, 191c) que os homens se encontrariam (*éntykhoi*) e é a esse entrelaçamento dos homens entre si (*allélon toîs anthrópois*,191d) que Aristófanes chama de *éros*. Em que medida os homens se entrelaçam como os elementos e os nomes, talvez fique mais claro à medida que se esclarecer o que o homem é enquanto elemento e "metade" (*symbolon*), e o que o *lógos* é enquanto *éros* (*symploké*). Isso certamente não é sem relações com o fato de o *Dasein* ser entendido, em *Ser e Tempo*, como ser-com (*mitsein*) – isso que Aristófanes chama, no *Banquete*, de *symbolon*, ao dizer que cada um de nós é um *symbolon* do homem (*Hékastos oûn hemôn estin anthrópou symbolon*, 191d) – nem com o fato de que o *páthos* contrário ao desejo (*éros*) seja a angústia, isto é, a disposição em que o homem se abre enquanto singularidade e totalidade (silêncio e solidão). Mas isso só se esclarecerá à medida que se esclarecer em que consiste este ser-todo e singular do *Dasein*.

gàr symplokèn eînar lógou ousían, 202b)[9]. Assim, se se diz, como dirá o estrangeiro de Eleia, no *Sofista*, que um nome ainda não é um *lógos*, dir-se-á também que um elemento ainda não[10] é um composto. Do elemento, tem-se apenas o nome (*ónoma gàr mónon*, 202b)[11], mas apenas à medida que o nome *ainda não* é *lógos*[12]; apenas nesse sentido o nome é

---

9 Cf. *Sofista*, 262d: *kaì tôi plégmati toútoi tò ónoma ephthenxámetha lógon*, "e a este entrelaçamento demos o nome de *lógos*". Há a diferença, é verdade, de que, para o Estrangeiro de Eleia, o entrelaçamento é entre nomes e verbos, uma distinção que Sócrates não faz. É uma diferença importante que mostra que a distinção entre nomes e verbos não é significativa para Sócrates, que visa a outra coisa com o que diz.

10 O *ainda não* determina o ser do elemento e do nome, do mesmo modo como determina o ser do *Dasein* enquanto *todo*, ainda que reste por se esclarecer em que consiste o caráter de *ainda-não* característico e correspondente ao modo de ser-todo do *Dasein*. Cf. o parágrafo 58 de *Ser e Tempo*.

11 Encontramos uma afirmação idêntica em Aristóteles, em relação ao acidente (*tó symbebekós*), no capítulo 2 do livro VI, da *Metafísica*: "pois o acidente é apenas um nome" (*gàr ónoma ti mónon tò symbebekós estin*, 1026b13-14). É uma passagem que permite aproximar o acidente disso que aparece, no *Theeteto*, como o elemento. Até porque, trata-se, na passagem da *Metafísica* (como no *Theeteto*, acerca do elemento), de negar que haja do acidente qualquer ciência, considerando o acidente e, por conseguinte, o elemento, como equivalentes ao não ser. Daí a afirmação, na mesma passagem, de que Platão de certo modo não determinou mal a sofística como algo acerca do que não é (*diò Pláton trópon tinà ou kakôs tèn sophistikèn perì tò mè òn étaxen*), pois os *lógoi* dos sofistas são acerca do acidente (*eisì gàr hoi tôn sophistôn lógoi perì tò symbebekòs*). Pensar a sofística como "ciência" do acidente, como "ciência" do elemento, disso que o *Theeteto* e a *Metafísica* dizem não ser possível uma ciência, seria pensar a sofística como "ciência" do impossível. Mas isso não é uma questão a ser discutida numa nota de rodapé: ela daria outra tese acerca de uma nota de rodapé.

12 Uma mesma indecisão quanto à relação entre nome e *lógos*, encontramos em Aristóteles. Por um lado ele afirma, na *Metafísica* (IV, 7, 1012a23-24), que "será definição o *lógos* daquilo de que o nome é signo" (*ho gàr lógos hoû tò ónoma semeîon horismòs éstai*), isto é, o nome é signo de algo que tem um

elemento. Pois se, como mostrará o próprio Sócrates, a seguir, combatendo a doutrina do sonho, o nome já é *lógos*, uma vez que ele é já composição de sílabas, que, por sua vez, são já composição de fonemas; sobretudo, se ele é já *lógos*, uma vez que ele é já composição de sentido, como mostram Sócrates e Crátilo no *Crátilo*, então o nome é já ciência, e há, em contrapartida, uma ciência do nome, mesmo que Sócrates e Crátilo não se entendam quanto ao sentido dessa ciência nem quanto ao sentido do nome e, nesse sentido, Crátilo permaneça heraclítico, na mesma medida em que o estrangeiro de Eleia não permanece parmenídico, ao distinguir nome e *lógos*[13]. No *Theeteto*, antecipando o que dirá o estrangeiro, diz-se que do elemento tem-se apenas o ser nomeado (*onomádzesthai mónon*)[14], à medida que o apenas ser nomeado *ainda não* é o ser dito (*légesthai*):

---

lógos, e não do elemento, não da matéria. Ao se perguntar, no capítulo 3, do livro VIII, se o nome significa a *ousía* composta ou o ato e a forma (*póteron semaínei tò ónoma tèn syntheton ousían è tèn enérgeian kaì tèn morphén*, 1043a29-31), a questão é ainda sobre se o nome é nome do composto de matéria e forma (de elemento e *lógos*, pode-se dizer), ou só da forma (ou só do *lógos*). Mas Aristóteles vê também a possibilidade do nome como "apenas nome", como nome do acidente, do que não é, como discurso sobre a matéria, como ele afirma em 1043a19-21: "parece que o *lógos* das coisas diferidas é do *eîdos* e do ato, mas o das incluídas mais da matéria" (*éoike gàr ho mèn dià tôn diaphorôn lógos toû eidos kaì tês energeías eînai, ho d' ek tôn enyparkhónton tês hyles mâllon*).

13 Cf. *Sofista*, 262d: *kaì ouk onomádzei mónon allá ti peraínei, symplékon tà rhémata toîs onómasi. Diò légein te autòn all' ou mónon onomádzein eípomen*, "e não apenas nomeia mas delimita algo, entrelaçando os verbos aos nomes. Por isso, dizemos que ele diz e não apenas nomeia".

14 Do mesmo modo como dele tem-se apenas sensação (*aísthesis*), mas apenas à medida que a sensação, como foi demonstrado antes, não é ciência. Entendido em sentido radical, o elemento é como o *um* da primeira hipótese

Ele mesmo, segundo ele mesmo (*Autò kah' hautò*), cada um (*hékaston*) [desses elementos], seria possível apenas nomeá-los (*onomásai mónon eíe*), mas não dizer qualquer outra coisa a mais sobre eles (*proseipeîn dè oudèn állo dynatón*), (...) não se deve acrescentar nada (*deîn dè oudèn prosphérein*), se se diz somente[15] aquele, ele mesmo (*eíper autò ekeîno mónon tis ereî*). (201e-202a)

A impossibilidade de dizer (*légein*) o elemento é a impossibilidade de dizer sem reunir. A impossibilidade de dizer (*légein*) o elemento é a impossibilidade de dizer *apenas o mesmo*. Todo dizer é já sempre um dizer mais (*proseipeîn*), um dizer que acrescenta algo outro (*állo*) ao mesmo (*autó*): um outro elemento ao elemento mesmo. Se se diz apenas o mesmo (*eíper autò mónon tis ereî*), não se pode colocar nada junto a ele (*protítesthai*), trazer nada junto (*oudèn prosphérein*). Por

---

do *Parmênides*, para o qual não há nem nome, nem *lógos*, nem uma ciência, nem sensação, nem opinião (*Oud' ára ónoma éstin autôi oudè lógos, oudé tis epistéme oudè aísthesis oudè dóxa*, 142a2-3). Entendido aqui como nome do elemento, o nome é elemento, mas apenas enquanto possibilidade de composição. E nesse sentido tudo é elemento, porque tudo sempre pode *ainda* ser composto. Tudo, mesmo já composto, nunca elimina sua possibilidade de composição: *lógos*.

15 O adjetivo *mónon, -e, -on*, acentua esse sentido de singularidade do elemento: *mónos* quer dizer "único" no sentido de incomparável, de *álogon*. Ao um (*hén*) como *mônada* (*mónas*) corresponde, em Aristóteles, o tudo como *pân*. Conferir os capítulos 6 e 26 do livro V da *Metafísica* que falam, respectivamente, do um e do todo. Aqui, no sonho de Sócrates, e também para Crátilo, no *Crátilo*, trata-se do nome como *um*, como primeiro (*prôton*), como *mônada*, como medida primeira, instituída, *dada* às coisas (*tèn theménen tà prôta onómata toîs prágmasin*, 438c). Por isso, Crátilo diz que "quem conhece os nomes conhece também as coisas" (*hòs tà onómata epístetai, epístasthai kaì tà prágmata*, 435d).

isso, o sonho de Sócrates se transforma num pesadelo: ao elemento não devem ser acrescentadas nem mesmo as palavras que ele acabou de usar: nem "mesmo" (*tò autó*), nem "aquele" (*tò ekeîno*), nem "cada um" (*tò hékaston*), nem "apenas" (*tò mónon*), nem "este" (*toûto*). E isto porque elas são outras (*hétera*) em relação àqueles aos quais elas são acrescentadas (*ekeínon hoîs prostítesthai*). Dizer o elemento é já dizê-lo outro, é já perdê-lo como mesmo. O mesmo e o elemento são isso que se tem, mas que, paradoxalmente, está sempre perdido, como mesmo e como elemento. Ser homem é ser essa perda, é ser a impossibilidade de falar do que se fala sem deixá-lo não dito: é ser a impossibilidade de tocar o que se toca sem transformá-lo em outra coisa: é ser o Midas do mesmo, é ser o Midas do elemento[16]: o ouro é o outro, o ouro é o *lógos*, em que tudo se transforma. Dizer o elemento é já compô-lo, o que significa: é já perdê-lo como elemento. E nunca se cessa de perdê-lo.

O impossível do elemento mesmo ser dito (*autò légesthai*) e ter um *lógos* próprio dele (*oikeîon hautoû lógon*) é o impossível de ser dito sem todos os outros (*áneu tôn állon hapánton légesthai*, 202a). Enquanto discurso, o *lógos* lança sempre o mesmo na dimensão do outro. Não se pode falar do mesmo (*autó*) a partir dele mesmo (*kath' hautó*)[17]: o

---

16 A referência a Midas é uma recordação das aulas de Emmanuel Carneiro Leão, que sempre falava do homem como o Midas do ser.
17 É o que o próprio Aristóteles afirma, na Metafísica, sobre o *lógos*: *tì katà tinòs semaínei ho lógos ho horistikós*, "o *lógos*, o que é definidor, significa algo sobre algo" (1043b31). Os "algos", aqui, não são o mesmo, mas outros (*héteroi*), um em relação ao outro (os gregos dizem, com maior precisão, "outro em relação ao outro": *héteros hetéroi*). Outros, pensa-os Aristóteles, um como

lógos e o mesmo (*tò autó*) são excludentes e, no entanto, o único mesmo é o *lógos*: o sempre produzir-se, do mesmo, algo outro: a eterna perda do mesmo.

O impossível de dizer o mesmo é o impossível da *tautología*: o impossível do *lógos* dizer o mesmo sem dizê-lo outro, mas também o impossível do *lógos* dizer-se a si mesmo, descontando-se do que diz do mesmo. Nesse sentido, o outro é tão elemento quanto o mesmo: o *lógos* é tão elemento quanto o elemento. Sendo alteridade, o *lógos* nunca diz a si mesmo, mas o outro de si, aquilo de que ele é *lógos*: o elemento; mas também nunca diz o outro de si, o elemento de que ele é *lógos*, como mesmo, mas como outro. O que o *lógos* diz desse mesmo é que ele é outro. A *tautología* é, nesse sentido, desde si mesma, *heterología*, *allogía*: do mesmo só se pode dizer que ele é outro. O mesmo, enquanto mesmo, enquanto elemento, é da dimensão da *alogía*. Por isso, também o *lógos* enquanto *lógos*, enquanto mesmo, é, como o elemento, da dimensão da *alogía*.

---

matéria (*tò mèn hósper hylen*), o outro como forma (*tò dè hos morphén*), isto é, um como indefinido, como poder ser definido, o outro como definidor, como poder de definir. Falar é definir não no sentido de dizer o que a coisa é "antes do dizer", pois que, "antes do dizer", a coisa não "é", nem há coisa para "ser", antes do dizer. Tudo aquilo de que se fala, nesse sentido, é sempre matéria do que se fala, isto é, pura indefinição que pede o poder definidor do discurso. Enquanto matéria, o que subjaz ao discurso, *tò hypokeímenon*, é poder ser definido. O elemento aparece, no *Theeteto*, como isso que Aristóteles, aqui, chama de matéria, e o *lógos*, como o que chama de forma. À relação matéria-forma corresponde a relação elemento-*lógos*. O mais enigmático em torno dessa relação, no entanto, é pensar como a relação elemento-*lógos* é também um *lógos*, simplesmente por ser uma relação: a relação entre o *lógos* e o elemento, a relação entre o *lógos* e o *álogon*, também é um *lógos*.

É o velho problema que coloca Antístenes: dizer do homem que ele é homem, não é dizer nada. Mas, dizer do homem qualquer outra coisa que não que ele é homem, é dizer que o homem é outro que o homem. Conclusão: é possível dizer, mas não o mesmo como mesmo: apenas o mesmo como outro.

A mesmidade desse mesmo que é o elemento enquanto elemento, que é também o *lógos* enquanto *lógos*, não é, no entanto, nem uma mesmidade abstrata e vazia como a do igual, como a do universal (*kathólou*), nem a mesmidade-alteridade dialética da mediação, mas a mesmidade silenciosa, cega e abissal do impossível: o possível enquanto possível: o elemento enquanto elemento: o *lógos* enquanto *lógos*: o mesmo enquanto mesmo. É essa mesmidade, que Heidegger descreve como o comum-*pertencer* entre homem e ser, que só se atinge como salto (*Absprung*) para dentro de um sem-fundo (*in einen Abgrund*), como o súbito (*das Jähe*) (*tò exaíphnes?*) do retorno sem pontes (*der brückenlosen Einkehr*) a este *pertencer* que, antes de tudo, concedeu "um um-para-o-outro de homem e ser" (*ein Zueinander von Mensch und Sein*)[18]. *Der brückenlosen Einkehr*, "o retorno sem pontes", tem aqui o sentido de uma entrada de volta (*Einkehr*) para o lugar de onde, na verdade, nunca se saiu, ou (o que é o mesmo) de onde sempre se sai e para onde sempre se retorna[19]: "onde propriamente já estamos" (*wo wir eigentlich schon sind*): o mesmo de

---

18 HEIDEGGER, Martin. "Der Satz der Identität". In: *Identität und Differenz*. 11. Aufl. Stuttgart: Neske, 1999. p. 20.

19 E, mais uma vez, o pensamento não pode senão repetir a primeira sentença do pensamento: a de Anaximandro.

nós mesmos: nossa mesmidade (*Selbigkeit*) como si-mesmidade (*Selbstheit*). O homem, existindo, é sempre essa saída (*ek-sistência*) de si-mesmo (*sich-selbst*) para o outro-mesmo (*man-selbst*) que é o *lógos*: do *si* (*sich*) para o "se" (*man*), do ser para o ente, do mesmo para o outro, do nada para o mundo, a partir da qual ele mesmo se encontra, mediadamente, consigo mesmo, como outro. O salto raro (*seltsamer Sprung*) é o do retorno (*Einkehr*), não mediado, sem pontes, sem outro, sem ente, ao si mesmo, ao mesmo, ao ser: angústia. O retorno é o descobrir que nunca se esteve senão ali: onde não é nenhum lugar e onde é o lugar de tudo: o *tópos* do *átopon* que é o *átopon* do *tópos*. O lugar do sem-lugar é a experiência do sem-lugar do lugar. Ou ainda: a experiência do fundamento é a experiência do sem-fundamento do fundamento.

Do mesmo modo, o *lógos* é tão *álogon* quanto o próprio elemento, porque não se pode explicar o *lógos* pelos elementos, nem o elemento pelo *lógos*: não se pode explicar: nem o *lógos* nem o elemento (é este todo o problema de Sócrates). O *lógos* é, nesse sentido, tão sem sentido, tão *álogon*, quanto o elemento, tão elemento quanto o elemento, do mesmo modo que o fundamento é sem fundamento. O ser, o mesmo, o fundamento, o *lógos*:

> *Sein und Grund: das Selbe. Zugleich hiess es: Sein: der Ab-Grund.*
> *Sein "ist", was sein anfänglicher Name lógos sagt, geschicklich das Selbe mit dem Grund. Insofern Sein als Grund west, hat es selber keinen Grund.*[20]

---
20 HEIDEGGER, Martin. *Der Satz vom Grund*. p. 184-185.

> Ser e fundamento: o mesmo. Ao mesmo tempo dissemos isto: ser: o sem-fundamento (o sem fundo, o sem razão: o abismo).
> Ser "é", isto que seu nome inicial *lógos* diz, como uma sina e um destino (*geschicklich*), o mesmo que o fundamento. Desde que ser acontece como fundamento, ele não tem ele mesmo fundamento algum.

Heidegger diz, aqui: ser "é" ("*ist*", entre aspas). Propriamente (sem aspas), ser *acontece* (*west*). Por que o ser "é", entre aspas? Segundo Heidegger, mestre Eckhart, o único a ter procurado a solução para o problema de como o *ens finitum* e o *ens infinitum* podem ambos ser chamados de *ens*, portanto, ser ambos compreendidos a partir do mesmo conceito de "ser", teria dito o seguinte: "Deus absolutamente não "é", pois "ser" é um predicado da finitude e não pode portanto ser dito de Deus"[21].

O sonho de Sócrates dá-nos o elemento como o Deus de Eckhart, já que, do elemento, não se pode dizer nem que ele é, nem que não é (*oúth' hos éstin, oúth' hos ouk éstin*), pois isso seria acrescentar a este a existência ou a não existência (*gàr àn ousían è mè ousían autôi prostítesthai*). Por isso, do elemento, não se pode dizer nem sequer que ele "é" elemento, nem que ele "é"[22], pois o "é" já é "outro" em relação ao elemento, como o ente é outro em relação ao ser.

---

21 HEIDEGGER, Martin. *Aristoteles, Metaphysik Q 1-3. Von Wesen und Wirklichkeit der Kraft*. Frankfurt am Main: Vittorio Klostermann, 1990. p. 46.
22 O elemento, aqui, se identifica, mais uma vez, ao *um* da primeira hipótese do *Parmênides*, do qual conclui Parmênides que ele "nem é um nem é" (*tò hén oúte hén estin oúte éstin*, 141e).

Movemo-nos, aqui, no âmbito do mito ou, como diz o próprio Sócrates, do sonho, ou, como eu mesmo diria, no âmbito desse outro mito que é a filosofia, mito ao quadrado, mito em segundo grau: mito do mito. E se o mito é o um (o único, o primeiro), do um, o quadrado é um. Do primeiro, só há repetição. Do elemento se diz *outro* elemento, do qual se diz *outro* elemento, do qual se diz *outro* elemento... E é pelo mesmo motivo que o mito não pode senão ser recontado, repetido. O que se repete é o que permanece não dito em todo dito: o elemento de todo *lógos*. E por isso, o mito do mito também é mito, como o *lógos* do elemento também é mito, como o *lógos* do *lógos* (*philosophía*?) também é mito. É que, se do elemento não é possível o *lógos*, se o *lógos* não pode dizer o elemento, o *lógos* também não pode dizer o *lógos*: ao dizê-lo, já teria transformado o próprio *lógos* em elemento: em *álogon*. Do mito só é possível a filosofia como outro do mesmo: como outro do mito, que já é, por sua vez, outro do mesmo: isso de que o mito é mito e que pede sem cessar o mito. E com isso, com esse passo, não se dá um passo, não se sai do lugar: esse lugar do sem lugar do qual não se pode sair: do qual só se pode sair continuando onde se está sempre: no mesmo lugar. E no fim das contas é sempre Zenão quem está certo. E Platão nunca deixou de lhe dar razão, como o prova o *Parmênides*. E se os diálogos de Platão, tantas vezes, terminam com um mito, deve ser porque, no fim das contas, Platão sabe que o que espera a filosofia é o mito: esse lugar mesmo de onde ela sai e para onde sempre retorna.

O impossível de ser dito do *lógos*, o que ele não pode dizer, é aquilo de que ele é *lógos*: o elemento. E ele é *do* elemento nos dois sentidos do genitivo: genitivo objetivo, porque ele fala do elemento, mesmo que do elemento ele nunca consiga falar; genitivo subjetivo, porque ele tem no elemento o que o provoca na sua tentativa incansável de dizê-lo. O elemento, por sua vez, é elemento do *lógos*: o impossível do *lógos*: sem *lógos* não há o elemento.

Tentar dizer o que é o elemento como um fora do *lógos*, é tentar dizer o antes do começo: a coisa antes de ser coisa: antes de ter sido dita. E, no entanto, o que se diz é sempre esse mesmo que insiste: o impossível, o elemento: esse impossível de ser dito que, no entanto, está dito, como impossível de ser dito, em todo dito. Por isso, o elemento está sempre dito (do único modo que pode estar) como o não dito de todo dito. O que é o mesmo que dizer que, se toda palavra é mito, toda palavra é verdadeira, e que, no caso da palavra, fracassar não é senão conseguir, e dizer a verdade não é senão mentir: ou, como diz Heidegger, que a essência da verdade é a não verdade: que mostrar é esconder: e o erro é o único modo de acertar[23]. E, nesse sentido, o que importa mesmo, no fim das contas, é dizer bem dito: poesia e retórica. E é por isso mesmo que Crátilo e toda a sofística e todo o pensamento grego dizem que não se pode dizer o que não é, que o que se diz é o que é, porque o que não é "é" o impossível de ser dito. E não se pode dizer o impossível como não se pode fazer ser o que não é, como diz a deusa, no poema de Parmênides.

---

23 HEIDEGGER, Martin. *Vom Wesen der Wahrheit*. Achte, ergänzte Auflage. Frankfurt am Main: Vittorio Klostermann, 1997. p. 20-26.

Mas Sócrates é desmedido[24] e não ouve a deusa. Ele não reconhece a impossibilidade[25]. Ele quer um *lógos* sem *álogon*, um possível sem impossível, um fundamento sem abismo, um composto sem elemento. Ou, o que dá no mesmo, um composto que não se distinga, ontologicamente, do elemento. Ele quer, entre eles, uma diferença apenas ôntica. Por isso, ao fim de toda a sua análise, no *Theeteto*, ele concluirá:

autoì émpeiroí esmen stoikheíon kaì syllabôn, ei deî apò toúton tekmaíresthai kaì eis tà álla, poly tò tôn stoikheíon génos enargestéran te tèn gnôsin ékhein phésomen kaì

---

24 É o que diz Alcebíades ao "elogiar" (*epainein*) Sócrates, no *Banquete*: "És desmedido" (*Hybristès eî*, 215b). E por isso, precisamente por isso, o último discurso do *Banquete* não é o de Sócrates, e a ele se segue o de Alcebíades. E é aqui que Platão (sempre tão mal lido) diz, quase aos berros, a verdade de Sócrates. Uma verdade que, como lembra o embriagado Alcebíades, nem ele mesmo teria dito, "não fosse o vinho revelador" (*ei mè oînos ên alethés*, 217e).

25 Quem sabe ele só a tenha reconhecido no dia de sua morte, como nos conta o *Fédon*, onde Sócrates não só reinterpreta seus sonhos, mas compõe poemas. O sonho, que se repetiu para ele durante toda a vida, dizia sempre a mesma coisa: "Ó Sócrates, faz e obra poesia", (*Ó Sókrates, mousikèn poíei kaì ergádzou*, 60e). Há já, aqui, a articulação entre sonho e poesia. O dia da morte de Sócrates deve mesmo ter sido um dia raro, pois nesse dia, já ao fim da longa conversa com seus discípulos mais próximos, menos Platão, que estava ausente (*Pláton dè oîmai esthénei*, "Platão, acho, estava doente", 59b), Sócrates afirma que, ao se refugiar em direção dos *lógoi* para investigar neles a verdade dos entes (*eis toùs lógous kataphygónta en ekeínos skopeîn tôn ónton tèn alétheian*, 99e), não está de acordo, absolutamente, de que investigar as coisas em relação ao que é investigado em *lógoi*, seja investigar mais em imagens do que em relação ao que é investigado em *érgoi* (*ou gàr pány synkhorô tòn en lógois skopoúmenon tà ónta en eikósi mâllon skopeîn è tòn en érgois*, 100a). Aqui Sócrates, a um só tempo, indistingue *lógos* e *érgon*, discurso e obra, e situa ambos no âmbito da imagem (*eikós*), isto é, do mito.

kyriotéran tès syllabês pròs tò labeîn teléos hékaston máthema, kaì eán tis phèi syllabèn mèn gnostòn, ágnoston dè pephykénai stoikheîon, hekónta è ákonta paídzein hegesómeth' autón (206b).

nós mesmos, experientes que somos de elementos e compostos, se se deve a partir deles formar um juízo também para os outros, afirmaremos possuir o gênero dos elementos um conhecimento muito mais claro e mais importante do que do composto, no que diz respeito ao apreender perfeitamente o conhecimento de cada coisa, e se alguém afirma ser o composto naturalmente cognoscível, e incognoscível o elemento, quer queira quer não, pensaremos que ele joga (brinca).

O que Sócrates chama, a princípio, de sonho, chama aqui de jogo (brincadeira). No sonho e no jogo, do incognoscível, produz-se o cognoscível, do elemento faz-se o composto, do *álogon* faz-se o *lógos*: isso mesmo que, já no início do diálogo, Theeteto e Theodoro demonstram, ao construírem (compondo, brincando, jogando) quadrados comensuráveis a partir de diagonais incomensuráveis[26] (ou *symmetroi*, 147d).

---

[26] O paralelo entre os dois momentos do diálogo é traçado com precisão por Michel Narcy: "A diagonal é uma linha da qual não se pode nada dizer além de seu nome: diagonal; inexprimível em termos de comprimento, ela é *álogos*. Mas do composto que se pode construir tomando-a por elemento, ou seja, do quadrado de que ela é o lado, pode-se dar a definição, o *lógos*, na ocasião, a medida. Entre a diagonal de um quadrado e o quadrado construído sobre ela, a relação é simultaneamente a de *álogos* a *lógos* e de elemento a composto. É também a relação que há entre um objeto de que não há ciência, já que dele não se *sabe* nada, e um outro, composto a partir do primeiro, do qual há ciência, já que ele é calculável", NARCY, Michel. *op. cit.* nota 29, p. 16-17.

É talvez por conhecer antecipadamente a diferença entre o ensino de Sócrates e o de Theodoro, que Theeteto afirma, aí, não poder responder o que Sócrates pergunta acerca da ciência, do mesmo modo como ele e Theodoro respondem acerca da diagonal incomensurável (147b); Theeteto chega mesmo a advertir Sócrates para o fato de que talvez Theodoro esteja brincando (jogando) (*paídzon*, 145b).

O *Theeteto* não é o único lugar, no *corpus* platônico, em que Sócrates associa a geometria ao sonho e ao jogo. No *Ménon*, logo após o escravo encontrar a solução do problema geométrico colocado (o dobro de um quadrado dado é o quadrado que tem por lado a diagonal do primeiro – precisamente o mesmo que Theeteto e Theodoro descrevem), Sócrates afirma, em termos bastante semelhantes aos que encontramos aqui no *Theeteto*, que, naquele que não sabe (*tôi ouk eidóti*, 85c), encontram-se opiniões verdadeiras acerca das coisas que não sabe (*perì hôn án mè eidêi éneisin aletheîs dóxai perì toúton*) e que essas opiniões surgiram no escravo como um sonho (*hósper ónar*), desprovidas de ciência. Ele terá ciência acerca dessas opiniões verdadeiras (*epistésetai perì toúton*, 85d), desde que seja interrogado sobre as mesmas muitas vezes e de diversas maneiras – maneiras que diferem do sonho da geometria.

Para isso será necessário um outro método (*álle tis méthodos*, 533b) – o método dialético (*he dialektikè méthodos*, 533c), como o mesmo Sócrates afirma no livro VII d'*A República* –, que tenta apreender acerca de tudo (*perì pantòs lambánein*, 533b), acerca de cada coisa ela mesma (*autoû ge hekástou*), esse mesmo de cada coisa: o que cada uma é (*hò éstin hékaston*). A geometria e as que a seguem, segundo Sócrates, tomam para si algo do que é (*toû óntos ti epilambánesthai*), mas acerca do ser apenas sonham (*oneiróttousi mèn perì tò ón*, 533c), enquanto, na vigília (*hypar dè*), é impossível para elas ver (*adynaton autaîs ideîn*), uma vez que deixam intocadas as suposições utilizadas (*hypothésesi khrómenai*), incapazes de dar delas um *lógos* (*mè dynámenai lógon didónai autôn*). A pergunta de Sócrates é: uma vez que um princípio, que não se sabe (*archè mèn hò mè oîde*), e um fim e o meio do que não se sabe (*teleutè dè kaì tà metaxù ex hoû mè oîde*) são entrelaçados (*sympéplektai*), como pode daí surgir *ex machina* (*tís mekhanè*), subitamente, uma ciência (*epistémen*)? Não é a mesma pergunta que encontramos no *Theeteto*: como de elementos (incognoscíveis) pode surgir, *ex machina*, um composto (cognoscível)? Não é a mesma acusação considerar *princípio* e *fim*, elementos *áloga*, injustificáveis?

Ao distinguir o sonho da geometria da vigília da dialética, Sócrates faz, n'*A República*, a mesma acusação feita no *Theeteto*: a geometria não dá o *lógos* das suposições. O fato mesmo de que ela trabalhe com suposições (*hypothésesi*), no sentido desse primeiro do qual não há anterior, do qual não há *lógos*, já a coloca no âmbito do sonho e do jogo.

O próprio termo "hipótese", hoje tão associado por nós ao discurso científico, não tem esse caráter para Sócrates. E talvez porque não o tenha mesmo em grego. Compulsando Bailly, vemos que *hypothésis* tem como sentido primeiro "base, fundamento", e em seus desdobramentos imediatos, "princípio de uma coisa", "princípio de Estado", "princípio de governo", "fundamento ou princípio que preside aos atos e à vida", e, num sentido segundo, "base de um raciocínio, discurso", e, *a fortiori*, "hipótese, suposição". Bailly registra ainda o significado de "pretexto", que talvez dê a essência de todos os desdobramentos semânticos do termo. O pretexto, pode-se pensá-lo em dois sentidos (e chegamos, em ambos os casos, no mesmo lugar): no sentido (mais literal) daquilo que todo "texto", enquanto "contexto" (encadeamento, composição), *pre*ssupõe, como o que está *antes* de todo compor – esse *antes* onde todo *começo* se dá, todo *começo* sempre *começando antes* do "começo" – (*hypothésis*, aqui, ganha a dimensão de *origem*, de *arkhé*: o *começo antes* do "começo"); mas também "pretexto" no sentido daquilo que dá ensejo a um "texto", enquanto "contexto" (encadeamento, composição): uma razão para fazer a que falta qualquer razão (*hypothésis* ganha, aqui, a dimensão de fim, de *télos*: o *fim antes* do "fim").

O jogo e a brincadeira são o exemplo essencial do que é a experiência do pretexto, pois só sob pretexto se joga ou brinca. O pretexto é o fim como começo ou o começo como fim: um motivo para o que é desprovido de motivo. O pretexto responde à intimidação das perguntas "para quê?", "por quê?". O pretexto responde: "para nada, por nada, mas mesmo assim".

As *hypothésesi*, os "pretextos", guiam não só os estados e governos, mas todos os atos e a vida como um todo. O mundo, nesse sentido, é uma suposição, cada homem, uma hipótese, à medida que se fundam através de uma posição (*thésis*) – já sempre uma composição (*synthesis*) – sobre o abismo sem razão do nada. Não se pode buscar dessa composição uma razão (*lógos*), já que ela é ela mesma a razão (*lógos*), como composição, como suposição, sobre a ausência de razão (*alogía*) de tudo (*pân*).

Com o pretexto da suposição obra não só a geometria de Theodoro, mas também a "falação" (*adoleskhía*) de Parmênides, no *Parmênides*. Num determinado momento deste diálogo, ao elogiar o ardor do jovem Sócrates pelos *lógoi*, Parmênides, o personagem, o aconselha:

> *hélkyson dè sautòn kaì gymnasai mâllon dià tês dokoúses akhréstou eînai kaì kalouménes hypò tôn pollôn adoleskhías, héos éti néos eî, ei dè mè, sè diapheúdzetai he alétheia* (135d).
> arranca-te e exercita-te sobretudo através do que parece ser inútil e é chamado pela multidão de falação, enquanto ainda és jovem; senão, a verdade te escapará.

Quando Sócrates pergunta pelo modo (*trópos*) desse exercício, Parmênides responde: "este precisamente que tu ouviste de Zenão" (*Hoûtos hónper hékousas Dzenonos*). Na verdade, já Zenão, após a sua leitura, havia advertido Sócrates para o fato de que a verdade do seu escrito lhe escapara (*sy d' oûn tèn alétheian toû grámmatos ou pantakhoû éisthesai*, 128b), apesar de ele não o ter assimilado mal (*ou kalôs apéikasas*[27], 128e). A Sócrates escapara (*lanthánei*, 128c e também 128e) o essencial, falando do que é acessório (*tôn symbebekóton ti*), perdendo o verdadeiro (*tò ge alethès*): isso que Zenão chama de *philonikía*,

---

27 Assimilado no sentido de ter produzido, a partir do (*apó*) escrito, um símile (*eikós*).

o amor à vitória: o amor ao nada que se ganha por se ter feito algo por nada. A níke, só a ganha quem joga, e ela é a celebração do jogo que joga sobre o nada, por nada, para nada.

O Parmênides do *Parmênides*, o Parmênides de Platão, é um discípulo de Zenão[28]: ao ser solicitado a dar uma demonstração do exercício através do qual se pode discernir o verdadeiro (*diópsesthai tò alethés*, 136c) – que consiste precisamente em, supondo cada coisa (*hékaston hypotithémenon*, 135e-136a), se ela é (*ei éstin*), mas também, essa mesma coisa, se ela não é (*allà kaì ei mè ésti tò autò toûto*), investigar o que se segue dessa suposição (*skopeîn tà symbaínonta ek tês hypothéseos*) – e expor em detalhes essa *pragmatéia*[29] que Sócrates acha de difícil manuseio (*Amékhanón, ô Parmeníde, pragmateían*, 136c), Parmênides toma o *um* como hipótese, e diz que o que se fará ali será jogar um jogo laborioso (*pragmateióde paidiàn paídzein*, 137b)[30].

---

28 Este é, para mim, "todo" o sentido do diálogo: o mestre que vem em defesa do discípulo que veio em defesa do mestre. *Tudo*, nesse diálogo, é isto: Zenão acontecendo a cada palavra de Parmênides: o infinito sobre o qual se funda o finito: o infinito que finita o finito, que só é finito porque é, a cada vez, não infinito.

29 Termo cuja tradução me parece bastante difícil e que talvez só encontre paralelo no termo alemão *Sorge*, onde encontram-se reunidos tanto o sentido de lida (*prâxis*) com as coisas (*prágmata*), como o esforço, pena, labor e aflição aí envolvidos.

30 Não é de estranhar que, no *Theeteto*, Sócrates, ao falar de Parmênides, ao se lembrar do encontro de juventude com o eleata, afirme ter-lhe este parecido ter algo de uma profundeza absolutamente nobre (*Báthos ti ékhein pantápasi genaion*) – não é estranha ao termo *báthos* a conotação de "abismo" –, mas não terem, nem ele, nem os outros que ali estavam, acompanhado o que foi falado (*oúte tà legómena suniômen*, 184a), e terem perdido ainda mais o que, meditando, Parmênides disse. Citando Homero, Sócrates diz que Parmênides

A *pragmatéia* de Parmênides não se distingue da geometria de Theodoro: ambas jogam o jogo. Por isso, a relação entre filosofia e geometria, tal como sempre, apressadamente, pensada, como instauração, para a filosofia, de um modelo de cientificidade atribuído à geometria, deve ser revista: ao menos enquanto uma posição de Platão[31], e isso, tanto no que diz respeito à filosofia, como quanto à geometria. Deve-se entender, nesse sentido, de outro modo a anedota que a doxografia nos conta: após a morte de Sócrates, Platão teria, segundo Diógenes Laércio, seguido para Cirene (III,6) em visita ao geômetra Theodoro, de quem teria ouvido as lições (II, 103). Ao voltar a Atenas e fundar a Academia, Platão teria escrito no pórtico de entrada: *Ageométretos medeis eisíto*[32],

---

lhe pareceu ser, simultaneamente, venerável e terrível (*aidoîoste moi eînai háma deinós te*, 183e). A ambiguidade em torno do termo *aidoîos*, algo que inspira respeito mas também vergonha, dá conta da ambivalência de Sócrates diante da figura de Parmênides. A mesma ambiguidade encontramos também no termo *deinós*, ao mesmo tempo, "que inspira medo, temível, terrível, assustador, perigoso, funesto", mas também "espantoso, extraordinário, forte, potente, dotado, hábil".

31 Parece-me insustentável que, mais de dois mil anos passados, continuemos a ler Platão vendo em Sócrates o representante, nos diálogos, da sua (de Platão) filosofia. Reduzir Platão a Sócrates é reduzir uma obra toda ela construída por discursos e personagens, a apenas um deles; sobretudo, é não perceber o caráter de diálogo da obra. É uma postura imprópria diante do diálogo. Além disso, quem indistingue Platão de Sócrates não vê o quanto de caricatura permeia a imagem que o discípulo faz do mestre: é lamentável que não se perceba o humor fino envolvido na construção dessa personagem.

32 A frase é citada e comentada por Heidegger em *Die Frage nach dem Ding*. p. 58: "a condição fundamental de um poder-saber e saber corretos é o saber das pressuposições fundamentais de todo saber e a atitude sustentada por um tal saber". Saber sobre suas pressuposições: saber sobre si como su-posição (*hypóthesis*) a que se dá sustentação pela de-cisão: interpretação. Heidegger sabe disso desde muito cedo: "A originariedade de uma interpretação

"nenhum não-geômetra entre". Entenda-se: a filosofia como geometria, a geometria como jogo, o jogo como filosofia³³. A posição do Sócrates do *Ménon*, do *Theeteto* e da *República* mostra, por contraste, a busca de uma cientificidade diante da qual a geometria parece um jogo e um sonho. Nesses diálogos, associar dialética e geometria parece a Sócrates pôr tudo a perder.

Donde o enigma maior desse Sócrates do último dia, que nos descreve o *Fédon*, e que, de repente, aprende e ensina o que o velho Parmênides, um dia, lhe ensinou. Pois o que ele

---

filosófica se determina em função da certeza (*Sicherheit*) específica que a investigação filosófica sustenta em si mesma e em suas tarefas", HEIDEGGER, M. *Phänomenologische Interpretationen zu Aristoteles (Anzeige der hermeneutischen Situation) in Interprétations Phénoménologiques d'Aristote*. Pour le texte allemand: Dilthey – Jahrbuch. Pour le texte français: Editions Trans-Europ-Repress. Traduit de l'allemand par J.-F. Courtine. Mauvezin: Trans-Europ-Repress, 1992. p.17-18.

33 Heidegger não se coloca em outra tradição ao afirmar que "a Morte é a ainda não pensada dádiva da medida do incomensurável, do imenso, do infinito (*Die Tod ist die noch ungedachte Massgabe des Unermesslichen*), o que quer dizer, do jogo supremo para o qual o homem é terrenamente trazido e sobre o qual é colocado (*d.h. des höchstens Spiels in das der Mensch irdischgebracht, auf das er gesetzt ist*)" e que não é "uma mera jogatina" (*ein bloss spieleriches Tun*) quando ele, "no fim de um curso sobre o Princípio da Razão (do Fundamento), traz para dentro, quase com violência, os pensamentos sobre o jogo e sobre o comum-pertencimento de ser e fundamento com o jogo" (*wenn wir jetzt zum Schluss der Vorlesung über den Satz des Grundes den Gedanken an das Spiel und an die Zusammengehörigkeit von Sein und Grund mit dem Spiel beinahe gewaltsam hereinzerren*)", *Der Satz vom Grund*. 8. Aufl. Stuttgart: Neske, 1997. p. 187. Heidegger faz, na mesma ocasião, remontar essa tradição mais longe: a Heráclito e a seu fragmento 52: *aión país esti paídzon, pesseúon: paidòs he basileíe*, entendendo em *aión* um dos nomes heraclíticos para *lógos*: o jogo supremo, *Id. Ibid.* p. 188.

prescreve a Símias não é senão que, sustentando-se na certeza daquela hipótese (*ekhómenos ekeínou toù asphaloûs tês hypothéseos*, 101d), assim responda:

> *Ei dé tis autês tês hypothéseos ékhoito, khaireîn eóies án.* (...) *Epeidè dè ekeínes hautes déoi se didónai lógon, hosaútos án didoíes, állen aû hypothesin hypothémenos hétis tôn ánothen beltíste phaínoito* (101d).
> se alguém se prender à hipótese ela mesma, mande-o passear. (...) E se, depois, dela mesma tiver que dar um *lógos*, do mesmo modo concederás, supondo outras hipóteses, aquela que parecer a melhor das de cima.

A hipótese à qual Sócrates se refere, e à qual Símias deve manter-se fiel, é nada menos que o "haver algo belo mesmo segundo ele mesmo e bom e grande e todas as outras coisas" (*hypothémenos eînai ti kalòn autò kath' hautò kaì agathòn kaì méga kaì t'âlla pánta*, 100b), ou seja, isso que a tradição chama, há mais de dois milênios, de "teoria das ideias", e que, segundo o que Sócrates diz, aqui, não é senão uma hipótese. É claro que levar a sério isso é desconsiderar tudo o que até hoje, em geral, se repete sobre uma "teoria das ideias" em Platão. Mas o mais importante, para o que está em questão aqui, ainda não está nisso, mas no que o próprio Sócrates chama de hipótese: algo de que não há um *lógos*, mas que é, ele mesmo, um *lógos* suposto:

> *hypothémenos lógon hòn àn kríno erromenéstaton eînai, hà mèn án moi dokêi toútoi symphoneîn títhemi hos alethê ónta, kaì perì aitías kaì perì tòn állon hapánton; hà d' án mé, hos ouk alethê* (100a).

Supondo a cada vez um *lógos* que decido ser o mais forte, as coisas que me parecem concordar com ele, estabeleço como sendo verdadeiras, seja acerca da causa seja acerca de todas as outras coisas, e as que não, como não verdadeiras.

É uma afirmação espantosa, na qual *hipótese* só pode ser entendido como *decisão*, o verbo *kríno* estando aí para prová-lo, assim como *verdade* só pode ser entendido como *posição*, o verbo *títhemi* sendo disso, aí, igualmente uma prova.

É uma ocasião que mostra um Sócrates tão nietzschiano como talvez nem Nietzsche tenha visto, ou, no fundo, talvez só ele, além de Platão (que não estava lá): um Sócrates que fala de um *lógos* pelo qual se decide como o mais forte (*erromenéstaton*) e uma hipótese que se sustenta como sendo a melhor (*beltíste*).

É uma passagem ainda mais espantosa quando sabemos que, para o Sócrates do *Theeteto*, o *lógos* não é uma composição, no sentido de uma posição, como decisão, devendo haver, ao contrário, nos elementos, algo que "justifique" e "explique" o composto. É inadmissível, como ele afirmará, ao fim de sua fala, que se diga o composto cognoscível e dizível (*syllabèn mèn gnostòn kaì rhetón*, 205e), e o elemento, o contrário (*stoikheîon dè tounantíon*). Em última instância, o Sócrates do *Theeteto* não vê nenhuma possibilidade de diferença ontológica entre elemento e composto. Ou, para dizer mais curto: Sócrates não vê nenhuma possibilidade de diferença ontológica, mas apenas ôntica, entre elemento e composto. Em todas as suas tentativas de solução do problema, trata sempre a diferença entre elemento e composto como uma diferença ôntica. É a mesma posição que o impede de ver, no fim das contas, qualquer diferença ontológica entre *pân* e *hólon*.

O composto, segundo Sócrates, ou é todos os elementos (*tà pánta stoikheîa*, 203c) ou é uma certa ideia una gerada da composição deles (*mían tinà idéan gegonuîan syntethénton autôn*); nas suas palavras, ou ele é um *pân* ou ele é um *hólon*. No entanto, definir o composto seja como um *pân*, seja como um *hólon*, traz, para Sócrates, complicações igualmente insolúveis. Se o composto não é senão todos os elementos, é necessário conhecer os elementos para conhecer o composto e, para tanto, serem os elementos tão cognoscíveis quanto os compostos. Se, ao contrário, o composto é uma ideia una, diferente dos elementos a partir dos quais ele se produz, não se pode conhecê-lo pelos elementos, não se pode conhecê-lo decompondo-o, pois isso seria perder a sua unidade, isto justamente o que, aqui, o caracteriza como composto e, nesse caso, o composto seria tão incognoscível quanto o elemento. A solução de Sócrates é dizer que o composto é, enquanto unidade indivisível, um todo (*hólon*) sem partes, distinto do composto como "todas as partes" (*tà pánta mére*). Surgem, então, os dois modos de totalidade dos compostos, *tò pân* e *tò hólon*. Mas é preciso definir em que consiste tal distinção. Sócrates coloca explicitamente a questão a Theeteto:

> *Tò dè dè pân kaì tò hólon póteron tautón kaleîs è héteron hekáteron;* (204a-b)
> Mas *tò pân* e *tò hólon*, consideras a mesma coisa ou algo diferente cada um dos dois?

A pergunta surpreende o jovem, que responde com sinceridade: *Ékho mèn oudèn saphés*, "mas nada tenho claro [sobre isso]". A rigor, Theeteto nada sabe sobre a distinção além do que a própria língua grega pode ensinar-lhe; o que é pouco, já que ela mesma os confunde. Theeteto parece surpreendido ao ser questionado sobre uma distinção que não parece óbvia e para a qual nunca tinha atentado. É somente a exortação de Sócrates para que responda sem hesitação (*prothúmos*) que o leva – mesmo, conforme suas palavras, expondo-se temerariamente a um perigo (*parakindyneúon*) – a responder que *tò pân* e *tò hólon* são algo diferente (*héteron*).

Não se vai longe com a resposta. Partindo de que sejam *tò pân* e *tò hólon* algo diferente, Theeteto acaba por concluir, no desenvolvimento da argumentação de Sócrates, que não se pode distingui-los: "Parece-me agora nada diferir *pân* de *hólon*" (*Dokeî moi nûn oudén diaphérein pân te kaì hólon*, 205a).

A impossibilidade surge por duas razões: quando Sócrates, identificando "todos os elementos" (*tà pánta stoikheîa*) a "todas as partes" (*tà pánta mére*), faz corresponder o elemento (*stoikheîon*) à parte (*méros*) – sem maiores justificações –, e *pân* a *tà pánta*, o faz, trazendo a discussão para o âmbito aritmético: "O mesmo, portanto, ao menos nas coisas que são desde o número, chamamos *tò pân* e *tà hápanta*?" (*Tautòn ára én ge toîs hósa ex arithmoû esti té te pân prosagoreúomen kaì tà pánta;* 204d). É uma passagem esclarecedora do fato de que a tradução, de que Heidegger faz uso, de *tò pân* por "soma" só faz mesmo sentido no âmbito aritmético. O que não é aqui tematizado. "Todas as partes" (*tà pánta mére*) é identificado a *tò pân*, sem mais, e *tò pân* é entendido como o número total (*ho pâs arithmós*, 204e).

O problema de Sócrates é que, se "todas as partes" (*tà pánta mére*) é o mesmo que *tò pân*, a parte terá que ser parte não do todo (*tò hólon*), como seria natural de se esperar[34], mas, como responde Theeteto, da soma (*toû pantós ge*, 204). É só para manter-se fiel a tudo o que foi dito antes que Theeteto dá tal resposta, no que é elogiado por Sócrates: "Batalhas virilmente, ó Theeteto" (*Andrikôs ge, ô Theaítete mákhei*, 205a). Mas, já aí, Sócrates mesmo desiste da distinção, embora o que venha a seguir torne tudo ainda mais confuso, à medida que Sócrates, ao não distingui-los mais, define ambos os termos, *hólon* e *pân*, como "aquilo a que nada falta"[35]

---

34 "A parte é (parte) de outra coisa que do todo?" (*Méros d' ésth' hótou állou estìn è toû hólou*; 204e), pergunta o próprio Sócrates.

35 Sobre *pân*: *Tò pân dè oukh hótan medèn apêi, autò toûto pân estin;* "Mas o que é *pân*, não é quando nada lhe falta, que isso mesmo é *pân*?" E, a seguir, sobre *hólon*: *Hólon dè ou tautòn éstai, hoû àn medamê medèn apostatêi;* (205a) "Mas *hólon*, não será isso o mesmo: aquilo de que absolutamente nada fica de fora?". No livro V da *Metafísica* de Aristóteles (1023b26-1024a10), esse sentido é atribuído exclusivamente a *hólon*: *Hólon légetai hoû te medèn ápesti méros ex hôn légetai hólon physei* (1023b26-27), "Todo diz-se daquilo de que não falta nenhuma parte das quais diz-se todo por natureza". O mesmo ocorre quanto à definição de *hólon*, que encontramos no *Parmênides*: *Tí dè tò hólon; oukhí hoû àn méros medèn apêi hólon àn eíe;* "Mas o que é o *hólon*? Aquilo de que parte nenhuma esteja ausente não seria *hólon*? (137c). No *Theeteto*, ao dizer que aquilo a que algo falta, de que algo fica de fora, não se pode chamá--lo nem *hólon*, nem *pân* (*oúte hólon, oúte pân*), nos dois casos se produzindo desde uma mesma (causa) (*ek toû autoû*), um mesmo (efeito) (*tò autò*) (205a), Sócrates não se coloca a questão da diferença de sentido que pode haver quanto ao "faltar", nos dois casos: o sentido em que se diz que algo pode faltar a um todo (*hólon*) e o sentido em que se diz que algo pode faltar a *pân*. Será no mesmo sentido? O faltar em questão quando se diz que algo falta a

e, em seguida, ao colocá-los ambos no âmbito do que tem partes (*hoû àn mére êi*), identifica ambos, desdizendo tudo o que disse, a "todas as partes" (*tò hólon te kaì pân tà pánta mére éstai*, 205a).

No fim, a fala de Sócrates acaba reduzindo *pân* a *hólon*, utilizando-se das definições usuais de *hólon* ("aquilo de que nada falta", "aquilo que contém partes"), para definir *pân*. No fim, fica impensado o que seria *pân* em sentido próprio.

No *Theeteto*, só há, de fato, a descrição de *hólon* e um uso aritmético de *pân* como "soma". Um uso que, de fato, a língua grega fez do termo – encontramo-lo também em Aristóteles. Mas o sentido de soma é atribuído, por Sócrates, na passagem final, em que se trata de definir *lógos*, também a *hólon*, o que mostra que a soma também pode ser pensada, para Sócrates, como um modo de *hólon*.

Em uma das três definições de *lógos* dadas na passagem final do diálogo – todas, como as três da ciência, fracassadas –, Sócrates fala do *lógos* como *hólon*. O *lógos* acerca de cada coisa seria, segundo essa definição, o percurso através dos elementos (*tèn dià stoikheíou diéxodon perì hekástou lógon eînai*, 207c) e, através dos elementos, do todo (*dià stoikheíon tò hólon*): "contar" todos os elementos, isso seria dar o *lógos* de uma coisa: dar o seu todo. Mostra-se aqui *lógos* e

---

um *hólon*, a um "todo", é o mesmo em questão quando se diz que algo falta a *pân*? O que pode faltar ao todo é uma parte. O que pode faltar a tudo (*pân*)?
É, a rigor, a mesma questão colocada no parágrafo 58 de *Ser e Tempo* quanto à relação entre dívida e falta, *Schuld* e *Mangel*, e ao sentido próprio da *dívida*, do *ainda-não* que, ao contrário de impedir, constitui o ser-todo do *Dasein*.

hólon num contexto de cálculo, de conta, de soma, o mesmo contexto em que *pân* havia sido colocado anteriormente. A passagem termina por mostrar que o *lógos* entre elementos, nem mesmo como *hólon*, não pode ser entendido como a soma desses elementos. Ao fim, todas as três tentativas de definição de *lógos* fracassam, como as três tentativas de definição da ciência.

O *Teeteto* inteiro, portanto, não é senão um diálogo-aporia, que Platão escreve só para dizer que não se vai a lugar nenhum[36]. O *Theeteto* termina, como se sabe, com Sócrates dizendo que tudo o que saiu, graças à sua maiêutica, de dentro deles, não foi senão vento e nada digno de cuidado (*anemiaîa gegenêsthai kaì ouk áxia trophês*, 210b). É o *Eclesiastes* de Platão. No entanto, o *Eclesiastes* de Platão é diferente[37]. Porque Sócrates lembra que o vento que saiu não foi em vão: que eles se tornaram melhores: não creem saber o que não sabem (*ouk oiómenos eidénai hà mè oîstha*, 210c). E assim estamos nós. Por isso continuemos. Vejamos o que nos diz Aristóteles sobre tudo isso.

---

36 Será todo caminho um *Holzweg*?
37 No *Eclesiastes* de Platão não há o que marca o *Eclesiastes* de Coélet: o cansaço com o vento, com o em vão. Sócrates nunca se cansa de pensar.

CAPÍTULO II
Do Poder e do Ato: a discussão na Metafísica

O USO DE TÒ PÂN como sinônimo de composto (*synthetos*) feito por Aristóteles (que parece igualmente inspirar Heidegger, na nota de rodapé que nos ocupa, a traduzir *pân*, não só por *Summe*, mas pelo correspondente latino *compositum*), pode ser encontrado numa passagem do capítulo 17, do livro VII, da *Metafísica*, em que Aristóteles trata do mesmo problema colocado pelo sonho de Sócrates no *Theeteto*:

> *tò ek tinòs syntheton hoútos hoste hèn eînai tò pân, [àn] mè hos soròs all' hos he syllabé – he dè syllabé ouk ésti tà stoikheîa, oude tòi Ba tautò B kaì A* (1041b11-13).
> o composto de algo de tal modo que o *pân* seja um, não como um acúmulo mas como a sílaba (*hé syllabé*)[1] – e a

---

[1] Traduzo aqui syllabé por "sílaba", em função do contexto em Aristóteles ser muito referido à questão da composição de sílabas com fonemas (a que já se aludia no *Theeteto*) mas trata-se do mesmo termo que, ao analisar o sonho de Sócrates, traduzimos por "composto", seguindo nisso Michel Narcy, *op. cit.* cf. nota 29. O âmbito da questão, e isso é o que importa, é o mesmo.

sílaba não são os elementos, nem é o mesmo que BA o B e (mais) o A.

Trata-se, até pelo vocabulário, da mesma questão tratada no *Theeteto*. Mas Aristóteles faz, desde o início, a afirmação contrária à de Sócrates. A sílaba não pode ser entendida simplesmente como a soma das letras. É verdade que, se Aristóteles usa, aqui, o termo *tò pân* como composto (*hé syllabé*), a passagem trata exatamente de explicar que o composto (e, por conseguinte, *tò pân*) não é uma soma. O composto, no caso "a sílaba (*hé syllabé*), não é só os elementos, mas também algo outro" (*ou mónon tà stoikheîa allà kaì héterón ti*, b16-17): isto que, segundo Aristóteles, é, de cada coisa, a *ousía* (*ousía dè hekástou mèn toûto*, b27-28). O elemento, por seu turno, diz respeito ao composto enquanto matéria (*stoikheîon hos hylen*, b31-32).

Aqui, no livro VII, Aristóteles diz: a *ousía*, isto é, o *eîdos* (*toûto d'estì tò eîdos*), não é senão a causa de que a matéria seja algo (*tò aítion tês hyles hôi tí estin*, 1041b7-9). A matéria, desde si mesma, como o elemento, não é "algo" (*ti*); o que a torna algo (*ti*), este algo que é (*tóde ti ón*), o que ela é (*tò tí esti*), é a *ousía*, esse outro da matéria, como o *lógos* é o outro do elemento.

A questão acaba se misturando mesmo com a questão do *lógos*, quando é retomada, logo à frente, no capítulo 3, do livro VIII, e, de novo, em termos quase idênticos aos do *Theeteto*. Só que aqueles de quem Sócrates teria ouvido o que diz em seu sonho seriam, aqui, os seguidores de Antístenes (*hoi Antisthéneioi*), os quais colocam uma *aporia* na qual Aristóteles, ao contrário de Sócrates, vê certa ocasião (*tinà kairòn*, 1043b25): segundo aqueles, há *ousíai* das quais é possível haver definição e *lógos* (*hóron kaì lógon*, b29), como da composta (*hoîon tês synthétou*)[2], mas dos primeiros (elementos) dos quais esta (é composta) (*ex hôn d' haúte próton*), de modo algum (*oukéti*). É dando certa razão a esses mesmos seguidores que parece estar falando Aristóteles, quando diz:

> *ou phaínetai he syllabé ek tòn stoikheíon oûsa kaì synthéseos, oud' he oikía plínthoi te kaì synthesis. kaì toûto orthôs; ou gàr estin he synthesis oud' he mîxis ek toúton hôn estì synthesis è mîxis* (1043b4-8).

não parece o composto (*he syllabé*) ser a partir dos elementos e de composição, nem a casa (ser) ladrilhos e composição. E nisto estão certos. Nem a composição nem a mistura são desde aqueles (elementos) de que são composição e mistura.

---

2 Sabemos que há em Aristóteles o problema de saber se há uma *ousía* não composta, isto é, simples. Assim, Aristóteles define Deus, no capítulo 7 do livro XII da *Metafísica*, como a *ousía* primeira (*he ousía próte*), a que é simples e desde ato (*he haplê kaì kat' enérgeian*, 1072a31-32). O conceito de Deus coloca sempre o problema do simples, do que não tem partes e, por isso, assim como a alma (*Dasein*) e o tudo (a totalidade do ente), requer também um outro modo de totalidade: a totalidade do simples (*haploûn*). No capítulo 4, do livro V, Aristóteles define o elemento (*stoikheîon*) como o que é simples e indivisível (*haploûn kaì adiaíreton*, 1014b5). De Deus, da alma e da totalidade do ente como "realidades" que colocam antinomias para a razão, fala também Kant, na *Crítica da Razão Pura*, ao falar dos dois tipos de antinomias da razão: as matemáticas e as dinâmicas – que são retomadas na distinção kantiana entre o sublime matemático e o sublime dinâmico, na *Crítica do Juízo*. Heidegger se refere a essas passagens de Kant em sua discussão acerca do conceito de mundo e de sua totalidade em *Vom Wesen des Grundes*, p. 30-31, sobretudo na nota 41.

Se a composição ou a mistura fossem apenas a soma dos elementos, elas não formariam o composto (*he syllabé*); se a composição é algo além da soma dos elementos de que é composição, então a composição é outra coisa, diferente das coisas de que é composição. Por isso, diz Aristóteles, tem que haver algo além delas (*ti deî eînai hò parà taûta estin*), se elas são matéria (*ei taûth' hyle*), que não seja nem elemento, nem de elemento, mas a *ousía* (*oúte dè stoikheîon oút' ek stoikheíou, all' he ousía*, b11-12).

Aqui, logo no início do livro VIII, a *ousía* se diz em três sentidos fundamentais: como a matéria (*hé hyle*), como o *lógos* e a forma (*morphé*), e, em terceiro lugar, como o que é a partir de ambos: o composto (*tríton dè tò ek toúton*, 1042a27-30)[3]. Dentro do movimento da *Metafísica*, sabe-se que, dentre esses sentidos, Aristóteles privilegiará o segundo: a *ousía* como aquilo que define a matéria: a *ousía* como *lógos*, *eidos*, *hóros* e *morphé*; mas, sobretudo, e isso é o mais fundamental, a *ousía* como ato (*enérgeia*).

O ato pressupõe o poder (*dynamis*), como a forma, a matéria, e o *lógos*, o elemento. Mas o poder pressupõe o ato (*enérgeia*), como a matéria, a forma, e o elemento, o *lógos*. Como vimos, é só no dizer que surge o impossível do dizer: o elemento.

---

3 Esses três sentidos parecem repetir a questão que colocamos, quando dissemos, tratando do *Theeteto*, que entre o elemento e o *lógos* há também um *lógos* que é a relação (*lógos*) entre o *lógos* e o elemento: esse sentido equivaleria, aqui, na *Metafísica*, à questão de se pensar *ousía* como composição, ou seja, como relação entre a *ousía* como *eidos* e a matéria. À questão acerca do *lógos* como relação entre *lógos* e elemento, e da *ousía* como relação entre *ousía* e matéria, pode-se fazer corresponder a reflexão sobre o ser como diferença: entre ente e ser, isso que Heidegger chama de diferença ontológica ou, em alguns momentos, como a dobra entre ente e ser. Enfim, tudo isso são apenas questões.

O elemento é o impossível de ser dito, por nunca ser todo dito. Por isso, ele se mantém como o impossível de ser dito todo (*hólon*) que todo (*pân*) dito visa e nunca esgota. E é esse impossível que faz com que, não podendo ser dito todo, ele seja dito do único modo que pode ser dito: dividido, partido, não-todo. Do elemento só se pode dizer parte, porque dizer já é partir, dividir, definir, delimitar.

Pelo mesmo motivo, o poder pressupõe o ato, pois se o poder *ainda não "é"* ou, talvez, melhor, *"é" ainda não*, é preciso o ato, não só para que o que ainda não é seja, mas, sobretudo, para que o que *ainda não é ainda não* seja. O poder é a espera do ato. O poder conta com o ato, já enquanto poder e, portanto, é, enquanto poder, desde o ato. Sem o ato não há o poder. O que quer dizer que o poder sempre se mostra por um ato; que é sempre por um ato que um poder vem à tona como poder.

Como o poder, o ato não é algo que é, um ente, mas o que faz ser o poder ser como poder. O ato "é" tão pouco quanto o poder, mas o que é (*tò ón*), o ente, não é sem o poder e o ato.

Por isso, a *ousía* também é definida por toda parte, por Aristóteles e por todos os outros, como matéria e como poder. É o que se lembra, no livro VIII, já na primeira frase do capítulo 2: "Já se está de acordo que a *ousía*, enquanto o que subjaz e enquanto matéria, esta é a [*ousía*] em poder" (*Epei d' he mèn hos hypokeiméne kaì hos hyle ousía homologeîtai, haúte d' estìn he dynámei*, 1042b9-10); trata-se, para Aristóteles, por isso, de se entender o que é o ato: "o que resta é dizer o que é a *ousía* das coisas sensíveis como ato" (*loipón tèn hos enérgeian ousían tôn aisthetôn eipeîn tís estin*, b10-11).

O que *ainda não é*, o que *pode ser*, é o que está sempre por se decidir por um ato. O ato, portanto, não é a mera realização de uma possibilidade previamente dada. O que será, será sempre a partir da de-cisão, da cisão, do corte que é o ato. Porque a matéria pode ser tudo, por isso mesmo ela *ainda não é* nada. O ato, enquanto decisão, é o acontecimento do ente, do finito, do definido, do delimitado, que é o que Aristóteles visa, como Platão, com as palavras *eidos*, *morphé*, *hóros* ou *lógos*: a *decisão* por ser *algo* e não *tudo* (o que se pode ser). A angústia dessa decisão, dessa criação, desse ato (*enérgeia*), é que, para decidir, é preciso encarar esse tudo do poder, esse indefinido do infinito, esse abismo da matéria, esse sem fundo do elemento. Em geral, o homem nunca vai até aí sozinho, mas com os outros, isto é, com esse grande Outro que é o mundo que ele compartilha com os outros. No mundo, o que se compartilha são as decisões, os atos, os *lógoi*, as *idéai*, os *eídousi*, os *hóroi*. Compartilhá-los é segui-los, repeti-los. As coisas, enquanto interpretações compartilhadas, não são senão as coisas enquanto obras (*érga*), exemplos e paradigmas: isso que, no *Fédon*, Sócrates chama de o melhor (*tò béltiston*): o que vence, o que convence. A relação das coisas com esse melhor é aí descrita como *koinonía*, comunidade. Não que a ideia seja o que é comum (*tò koinón*) por ser um universal, uma característica presente em uma pluralidade de indivíduos (para dizer tudo: não por ser um conceito, uma abstração das diferenças), mas, ao contrário, ela está presente[4] nessa

---

4 Sócrates fala também, na mesma ocasião, em *parousía* (*eíte parousía eíte koinonía*, 100d). A *parousía* deve ser pensada como o ser junto ao paradigma (*parádeigma*), ao que é junto como exemplo e ideal: ideia. Se traduzirmos *parousía* por presença, devemos necessariamente pensar o estar presente como o estar junto de: a presença só seria possível como um modo de ser com (*syn*).

pluralidade de indivíduos porque eles são junto a ela, a partir dela, porque eles a tomam como paradigma, como modelo, isso que ela é como ato, como único, e não como universal, não como abstração, mas como concreção. Heráclito fala, no fragmento 89, desse um e comum (*héna kaì koinón*) como mundo (*kósmon*) e, no fragmento 2 e 50, desse um (*hén*) e comum (*xynón*), como *lógos*. O comum, o compartilhado, o repetido, enquanto *idéa*, *eîdos*, *morphé*, *hóros*, enquanto *lógos*, é ato (*enérgeia*): de-cisão e interpretação.

Há, na história da metafísica, uma in-de-cisão quanto ao sentido de de-cisão em que consiste o *lógos*. A ela se refere Heidegger quando diz, em *A Constituição Onto-teo-lógica da Metafísica*:

> Este mesmo *lógos* é, enquanto reunião (*Versammlung*), o que une, o *hén*. Este *hén*, no entanto, é desdobrado (*zwiefältig*)[5].

Em que consiste esse desdobramento, essa dobra, esse dúbio? Heidegger o descreve assim: "Por um lado o unificante que

---

Nesse sentido, o elemento, o mesmo e a matéria não podem estar presentes como elemento, mesmo e matéria. Estar presente enquanto estar-junto, enquanto ser-com, deve ser entendido como relação: *lógos*. Estar presente deve ser o ter lugar: *tópos*. O elemento, o mesmo e a matéria seriam, nesse sentido, *áloga* e *átopa*, sem relação e sem lugar.
5 "Die onto-theo-logische Verfassung der Metaphysik". In: *Identität und Diferenz*. p. 61. *Fältig* fala do "dobrado, plissado, do pregueado" e, portanto, da dobra. Mas na vizinhança de *zwiefältig* está *Zwielicht*, que fala em "meia-luz, lusco-fusco, penumbra", ou seja, de algo que não fica claro. O adjetivo *zwielichtig* fala do que é ambivalente e dúbio. Ao mesmo tempo, fala, aqui, também, a proximidade de *Zwiespalt*, "conflito, dilema".

une no sentido do em toda parte primeiro e assim o mais geral e, por outro lado, ao mesmo tempo, o unificante que une no sentido do mais alto (Zeus)"[6]. A referência ao mais alto como Zeus, e este como um, é uma referência a Heráclito e a seu fragmento 32. Em Heráclito, no entanto, não existe indecisão quanto ao sentido do um. No fragmento seguinte, o 33, Heráclito diz: "e a lei (o que se compartilha[7]) é seguir (obedecer) um (uma só coisa) com decisão[8]" (*nómos kaì boulêi peíthesthai henós*). É a mesma afirmação que encontramos em Parmênides, no fragmento 2, que diz que o caminho que é e que não é possível não ser é o caminho da Obediência (*Peithoûs esti kéleuthos*), pois ele segue a Verdade (*Aletheíei gàr opedeî*).

Todo caminho é caminho de obediência, e um caminho não pode ser senão seguido, e se ele não é seguido, ele desaparece, porque o que o sustenta enquanto caminho é o ser seguido; e a verdade não é senão o que é seguido, porque a verdade não é senão caminho, pois caminho é abrir, e a verdade é o que abre: a possibilidade de ser seguido. Criar, isto é convencer e ser seguido. Por isso, Parmênides fala em *Peithoûs*, e Heráclito em *peíthesthai*, do verbo *peítho*: na voz ativa, "convencer", na voz passiva, *peíthomai*, "obedecer", "seguir", no sentido de "ser convencido", "confiar". O "com" (em "confiar", em "convencer") diz a relação entre os homens (o ser-com), como guerra, onde vencem os melhores, ou melhor, onde os melhores são os que vencem: os que "con-vencem". Mas "aos vencedores a palma",

---

6 *Id. Ibid.*
7 De *némo*, "partilhar".
8 A *Boulé* é a decisão quanto ao que se quer, quanto ao que se deseja: não a escolha entre opções dadas, mas a decisão quanto ao para onde da existência.

e os vencidos, se são dignos, devem ser "con-vencidos", devem se manter *com* os que vencem: seguindo-os. Os caminhos não levam a lugar algum: o que não os impede de serem seguidos. Quem conduz não conduz a nada, nem a nada é conduzido: só a si mesmo como o próprio caminho: como a experiência da travessia. Mas para isso é preciso, como diz a deusa, obedecer, acreditar, ser convencido, porque aquele que convence acreditou, primeiro, antes que todos, em si mesmo, e só por isso pôde convencer. Aquele que convenceu acreditou na sua própria certeza e não hesitou.

O dilema, o conflito, a dúvida, e que não é senão a dúvida, o conflito e o dilema que caracteriza toda a metafísica, e que não é senão a metafísica inteira como dúvida e como fuga, pela dúvida, da angústia de ter que decidir (como viu Nietzsche, talvez de modo ainda mais decidido que Heidegger) consiste em sua hesitação em ver que (como não poderia deixar de ser) o segundo sentido do *lógos* como *hén* só pode ser derivado do primeiro. O um como *lógos* só pode ser o mais alto, e é desde esse mais alto e primeiro (*próton*), como ato e decisão, que ele é acolhido, respeitado e repetido, e se torna o mais geral. A dúvida, a indecisão é não aceitar que a ideia não é universal (*kathólou*), que ela não precisa ser universal para ser comum, que o que é comum é a partir da repetição de uma cisão, de uma decisão, de um ato, paradigma repetido pela força de sua instauração como império de um princípio (*arkhé*), como causa no sentido do que se responsabiliza (*tò aítion*) e assume a responsabilidade da decisão e assim dá destino: direção. Isso que aparece, ao mesmo tempo, como o "em função de quê" (*hoû héneka*), como o fim (*télos*) que o próprio homem tem que se dar e a todas as coisas, ao se descobrir em meio à totalidade do ente e em meio ao nada dessa totalidade, enquanto a possibilidade indefinida, indecidida de tudo.

É nesse sentido que Heidegger interpreta o *hoû héneka* como o *agathón*, em Platão:

> A essência (*Wesen*) do *agathón* reside na força de si mesmo (*in der Mächtig seiner selbst*) como *hoû héneka* – como o em vista de... (*als das Umwillen von...*)[9] isto é a fonte da possibilidade (*Möglichkeit*) enquanto tal. E porque já o possível situa-se mais alto (*höher*) que o real (*das Wirkliche*) por isso é, na verdade, *he toû agathoû héxis*, a fonte essencial de possibilidade, *meidzónos timetéon*[10].

Trata-se de uma citação do livro VI da *República* (passagem 509a): "a disposição para o bom[11] é ainda mais digna de ser honrada" (*éti meidzónos timetéon tèn toû agathoû héxin*). O *hoû héneka*, enquanto *télos*, enquanto causa, caracteriza-o igualmente Aristóteles, no livro XII da *Metafísica*, como o

---

9 O prefixo *um-* em *umwillen* indica que não se trata de um querer (*wollen*) determinado, mas, antes, que se abre para um totalidade em jogo no *um-*. *Das umwillen von* deve aqui ser aproximado do *Das Gewissen-haben-wollen*, o querer- ter-consciência que caracteriza a *decisão* em *Ser e Tempo*. Um tal querer, sem objeto determinado, bem pode ser entendido como desejo, um dos sentidos de *der Wille*. Sobre a diferença entre o querer (sempre de algo determinado) como *wollen* e o desejo (sempre de algo indeterminado e impossível) como *wunschen*, cf. o parágrafo 41, de *Sein und Zeit*. p. 195.
10 *Wom Wesen des Grundes*. p. 41.
11 "O bom", e não "o bem", é como Alexandre Gomes Pereira insiste que se traduza *tò agathòn*.

fim na dimensão de princípio: "em todas as coisas o bom é mais que tudo princípio" (*en hápasi málista tò agathòn arkhé*, 1075a).

Não é por acaso, portanto, que Aristóteles fala em *entelekheía* no mesmo lugar em que fala de *enérgeia*: o fim no mesmo lugar do ato: na origem (*arkhé*). O decidir-se não é senão dar-se caminho e direção: dar-se fim. O ato não é senão decidir-se sobre o "em vista de quê", decidir-se quanto ao que se quer (*boulé*). É por isso que, como diz Aristóteles, ainda no livro XII, o motor primeiro (*toû prótou kinoûtos*, 1070a1), o "em vista de quê" último (*tò hoû héneka*, 1072b1) move como desejado (*kineî dè hos erómenon*, b3). Esse primeiro motor e fim último enquanto desejado é Deus, enquanto Deus é sempre (*ho theòs aeí*), enquanto ele é o ato (*ekeînos dè he enérgeia*), enquanto o ato do *noûs* é vida (*he gàr noû enérgeia dzoé*). O desejo de Deus (genitivo objetivo) é desejo de ato e, por conseguinte, desejo de decisão.

Decidir-se é fundamentalmente decidir-se quanto ao que se quer: *hoû héneka*: *das Umwillen von*. Decidir-se é obrar: interpretar. Dar-se um fim é o ato da interpretação, e o lugar da interpretação, por excelência, é o *lógos*, enquanto discurso. No discurso, sempre se decide sobre o desejo.

Desde muito cedo, viu-se a correlação entre *lógos*, cisão e desejo (*éros*), como o que está na dimensão da origem. A narrativa de Hesíodo[12] sobre a origem diz:

---

12 Mas também a do *Gênesis*, que mostra um Deus que cria pelo ato, pela fala, pela separação e que considera bom o que faz e nomeia: "Deus disse: 'Haja

*Étoi mèn prótista kháos génet'; autàr épeita Gaî' (...)
ed' Éros*[13]
Mas, em verdade, antes que tudo nasceu *Kháos*; mas
logo depois Terra (...) e imediatamente *Éros*.

Kháos, aqui, deve ser traduzido como cisão, mas cisão como abertura: como o que abre e, portanto, rasga. *Kháos* é a hiância (daí o sentido de abismo: abertura abissal da terra) que se produz quando se dá essa abertura: porque aí aparece, ao mesmo tempo, a terra como o fundo sem fundo (inesgotável): "fundo sólido em que se assentam sempre todas as coisas imortais" (*pánton hédos asphalès aieì athanáton*, v. 117-118). Pela cisão (*kháos*) a terra se mostra: como sede, fundo, fonte infinita (imortal) de possibilidade insistente (sempre). É só quando se rasga que a terra se torna terra: abismo. É só quando se abre que o que se abre se torna o incansável da terra: o fundo como fonte (*hédos*): a fonte como sede de tudo o que nunca morre. Mas aí, imediatamente, já está *Éros*, o desejo: o não cessar de extrair do que nunca cessa de dar. Por isso, o desejo produz a mesma consequência de *kháos*: gênese, surgimento, geração. Após parir o céu, as altas montanhas e o mar, por força de *kháos*, isto é, cindindo-se, decidindo-se, a terra se une, por *éros*, àquilo de que se separara, o céu e o mar, mas não para voltar ao estado em que estava, em que nunca esteve, de um todo (*hólon*) não partido, intacto, no sentido de não cindido – isto que a terra nunca foi pois ela já

---

luz' e houve luz. Deus viu que a luz era boa, e Deus separou a luz e as trevas. Deus chamou à luz 'dia' e às trevas 'noite'. Houve uma tarde e uma manhã: primeiro dia.", *A Bíblia de Jerusalém*. Nova edição, revista. São Paulo: Edições Paulinas, 1992. p. 31.
13 *Theogonia*, v. 116-120.

nasce abismo – mas, ao contrário, para dividir-se ainda mais, e gerar a sua grande prole. O desejo da terra (genitivo objetivo e subjetivo) é desejo de cisão.

Da relação entre *kháos*, o discurso e o desejo, fala também Hesíodo, ao colocar como descendência de *kháos*, isto é, como geração de novos modos dessa cisão originária, o engano (*apáte*), o amor (*philótes*) e a discórdia (*éris*) (v. 224-225), e como descendência da discórdia, sempre por cisão, ainda, mentiras (*pseúdea*) e discursos (*lógoi*) (v. 229).

Que o *lógos* nasça da discórdia, e por conseguinte do *kháos*[14], fala também Heráclito, esse hesiódico[15]. Logo em seu fragmento 1, lemos que "tudo vem a ser segundo o *lógos*" (*gignómenon gàr pánton katà tòn lógon*) e, em seu fragmento 80, que "todas as coisas vêm a ser segundo a discórdia" (*ginómena pánta kat' érin*). E assim como diz no fragmento 2 que "o *lógos* é com*um* " (*tò lógou d'eóntos xynoû*), diz, no mesmo fragmento 80, que "a guerra é o com*um*" (*tòn pólemon eónta xynón*).

---

14 Da relação entre *kháos* e *lógos* fala já o verbo *khaíno*, que diz não só "abrir-se, entreabrir-se", mas "abrir a boca, o bico", sobretudo "abrir a boca e mantê-la aberta de espanto", "abrir a boca para falar", "falar". Que nesse lugar de origem, a abertura, a fala e o espanto se concentrem na mesma palavra, a primeira de todas, não deve ser entendido como uma coincidência. Agradeço a Marco Antonio Valentim o ter chamado minha atenção para o verbo *khaíno* e sua pletora de sentido.
15 Mesmo que ele não o reconheça, e creia ser o único que não está convencido de que Hesíodo sabe tudo, como quase todos (cf. fragmento 57). Mas não é exatamente por isso que ele é o único que o sabe? O que pode fazer um pensador pensar, senão pensar que os outros *ainda não* pensaram: o que se tem a pensar? Não é seu modo de "pagar" a dívida?

Lógos e *pólemos* são o mesmo: *xynós*: discórdia. E porque o *lógos*, o com*um*, "o que reúne"¹⁶, é também guerra e discórdia, "o que desune", o sentido primário fundamental de todo *légein* é reunir, juntar, colher, e, simultaneamente, escolher, diferir, separar. Se falar é *légein*, falar é aquilo desde o que se produz o limite e a delimitação de todas as coisas; falar é separar o joio do trigo e, ao separar, produzir o joio e o trigo, isto é, deixar ambos serem um *com* o outro, separando-os, deixando ser a sua diferença: deixando-a aparecer. Por isso, Heráclito diz: o *lógos* é o combate, isto é, a con-junção é, simultaneamente, dis-junção: "*kaì díken érin*". *Lógos* diz essa simultaneidade numa palavra: reunir é separar, separar é reunir.

É o que lembra Heidegger, ao afirmar que Aristóteles sabe que "todo *lógos* é ao mesmo tempo *synthesis* e *diaíresis*"¹⁷. O sentido de *diaíresis*, aliás, já está dado no próprio termo com que Aristóteles pensa o *lógos*: *apóphansis*¹⁸, mostrar (*deloûn*) afastando (*apó*)¹⁹. Mas todo mostrar já é, desde si mesmo, um afastar, do mesmo modo que, como diz Heidegger, em

---

16 "O que reúne" é como traduz, sistematicamente, Carneiro Leão, o termo *xynós* em todas as suas aparições nos fragmentos de Heráclito. Cf. *Os pensadores originários: Anaximandro, Parmênides, Heráclito*. Introdução Emmanuel Carneiro Leão. Tradução Emmanuel Carneiro Leão e Sérgio Wrublewski. Petrópolis, RJ: Vozes, 1991.
17 *Sein und Zeit*. p. 159.
18 Cf. *Id. Ibid.*, p. 33.
19 Heidegger privilegia o sentido de *apó-* como "a partir de" (*von her*), mas mesmo em "a partir de" fala já o afastamento da partida e a separação do partir, da parte que se afasta, que se parte. Daí o genitivo trazer sempre a ideia de afastamento, de lugar de onde se parte, pois que a gênese (*génesis*) é o afastar-se da origem a partir da origem (*génos*).

seu ensaio sobre o *lógos*, o que vem em primeiro lugar no *légein*, como colher (*das Lesen*), como escolher (*das Auslesen*) é o eleger (*das Erlesen*, alemânico: *die Vor-lese*)[20]. O *lógos* é mostrar afastando (separando) (*apóphansis*), porque todo mostrar já é separar, destacar o que se elegeu e, portanto, afastou. Mas isso é só a metade da estória: digamos que isso é só a cisão de *kháos*, origem de todo *lógos*. Mas *kháos* é seguido imediatamente de terra e *éros*.

O resto da estória é que, ao mostrar, afastando (*apóphansis*), já se decidiu não só sobre o que mostrar mas sobre o "quê" do que é mostrado. No mostrar, decide-se sempre pelo sentido do que se mostra: todo mostrar é já um interpretar (*hermeneúein*). E é aqui que entra o fato de que toda *diaíresis* já é *synthesis*, que todo *lógos* envolve o *com* (*syn*), ou, como diz Heidegger, o *como* (*als*). Falar é mostrar algo *como* algo: é interpretar, é decidir-se sobre a possibilidade de sentido que é a terra enquanto desejo insistente de sentido, enquanto desejo insistente de interpretação. Pois desde que a terra é partida, ela não cessa mais de se partir e dali pode sair qualquer coisa: tudo. É preciso decidir-se, portanto, sobre o que tirar. Decidir-se sobre o desejo é decidir-se sobre *como* interpretar a terra, porque ela pode ser interpretada incansavelmente de infinitas e indefinidas maneiras. Por isso, toda cisão implica interpretação, como *kháos* implica *éros*, em ter que decidir sobre o que tirar do que se abre. E só se decide por um ato. E se todo *lógos* é uma decisão sobre o desejo, todo *lógos*, enquanto *synthesis* e *diaíresis*, é um ato.

---

20 HEIDEGGER, Martin. *Vorträge und Aufsätze*. 7. Aufl. Stuttgart: Neske, 1994. p. 202.

Essa correlação fica clara, em Aristóteles, não só porque o dizer como interpretar, o dizer algo em relação a algo (*ti prós ti*)[21], isso que ele chama de *kategoreúo* ("declarar" no sentido de acusar, no sentido de revelar, tornar visível, de dar uma significação, decidir sobre o sentido) e todos os modos possíveis de fazê-lo, as *kategoríai* (os modos de "como" e portanto de "com"), são por ele considerados como atos ("e assim como nas *ousíai* o que é declarado (*kategoroúmenon*) da matéria é o ato mesmo, mais ainda nas outras definições" (*kaì hos en taîs ousiais tò tês hyles kategoroúmenon autè he enérgeia, kaì en toîs állois horismoîs málista*, 1043a5-7), mas também porque o próprio *lógos* e a composição são atos:

> *he enérgeia álle álles hyles kaì ho logos: tòn men gàr he synthesis tôn d' he mîxis tôn dè állo ti tôn eireménon* (a12-14).
>
> o ato e o *lógos* são diferentes desde diferentes matérias: de umas é a composição, de outras a mistura e, de outras, outra coisa dentre as ditas.

---

21 Se toda categoria é um dizer algo em relação a algo (*ti prós ti*), a categoria da relação (*tò prós ti*) não poderia ser uma categoria, pois toda categoria seria uma relação, ou seja, um *lógos*, no sentido primeiro de *lógos* como relação. Aristóteles mesmo coloca essa possibilidade, nas *Categorias*, como uma aporia: ele dirá no entanto que, se até mesmo as *ousíai* segundas podem ser consideradas como o que se diz em relação a algo (*prós ti légetai*, 8a15-16) (pode-se de fato dizer de algo: é homem, e homem aqui é algo declarado em relação a algo), não se pode dizer de uma *ousía* primeira que ela é outra *ousía* primeira. Mas se ela não pode ser dita de outra como pode ela ser uma categoria? Se toda categoria é uma relação e a *ousía* primeira não é uma relação, ela é, como o elemento, *álogon*, e, portanto, ela não é uma categoria. Por isso, como dizem os seguidores de Antístenes (e o próprio Aristóteles, por isso, lhes dá certa razão), não há *lógos* nem definição da *ousía* primeira. O indivíduo, aqui, deve ser entendido como o indiviso: o simples (*haploûn*).

Aqui, a correlação entre *lógos* como composição e ato como cisão é inequívoca. Por isso, a afirmação de Aristóteles de que o composto de algo seja tal que o *pân* seja um (*tò ek tinós syntheton hoútos hoste hèn eînai tò pân*, 1041b11-13) diz não só que a composição não é uma soma, mas também que ela não é um todo (*hólon*), intacto, completo, mas que a sua unidade constitui-se precisamente por essa divisão, por essa cisão que é o ato enquanto *lógos*.

Que não se trata, no caso da unidade da *ousía*, de uma unidade como soma de unidades, Aristóteles o afirma quando diz que "se são de algum modo números as *ousíai*, o são assim, e não como alguns dizem (compostas) de unidades" (*eiper eisí pos arithmoì hai ousíai, hoútos eisì kaì oukh hós tines légousi monádon*, 1043b33-34).

"Assim", aqui, quer dizer como *lógos*: as *ousíai* são tão números quando o *lógos* pode sê-lo. A *ousía* é aqui dita número, à medida que a definição é um certo número (*hó te horismós arithmós tis*, 1043b34), pois, como a definição, o número é divisível, mas até chegar em indivisíveis (*diairetós te gàr kaì eis adiaíreta*, a35). O indivisível é o um. Mas, diz também Aristóteles, "as coisas são *unas* segundo o número ou segundo o *eîdos*"[22] (*tà mèn kat' arithmon estin hén, tà dè kat' eidos*, b31-32). São unas pelo número as coisas das quais a matéria é una, e pelo *eîdos* as de que o *lógos* é um (*arithmoì mèn hôn he hyle mía, eídei d' hôn ho logos heîs*, b32-33). É nesse segundo sentido que o composto, enquanto *ousía*, é dito ser um *pân* que é *um*. Por que Aristóteles fala aqui de

---

22 Ou ainda segundo o gênero, ou ainda segundo a analogia.

pân e não de *hólon*, deve-se talvez ao fato de que a unidade da *ousía* não é uma unidade a partir de partes, mas a partir de elementos, que não são unidades (*monádon*). Por isso, aquilo de que se forma o um não pode ser chamado de todo (*hólon*), mas de *pân*. Além disso, não só o elemento, mas também o número não pode, para Aristóteles, ser chamado de todo (*hólon*), mas de *pân*.

Aristóteles se utiliza, aqui, de uma distinção feita no capítulo 26, do livro V, em que, após distinguir *pân* de *hólon*, diz que o número, como o elemento – na ocasião, a água – também não se diz *hólon*, mas *pân*. O número, como a água, se diz *pân* e não *hólon* (*hydor dè kaì arithmòs pân mèn légetai, hólos d' arithmòs kaì hólon hydor ou légetai*, 1024a). E pelo mesmo motivo que o número e a água não são inteiros (*hóloi*), também não podem ser mutilados (*kolobá*). "Mutilado" (*kolobón*) é o termo que é analisado no capítulo seguinte ao dedicado a *hólon*. Só se diz mutilado do que pode ser inteiro (*hólon*), do que pode ser um todo (*hólon*). Nem o número nem a água podem ser um todo. No caso da água, porque ao se tirar uma parte dela, ela não se altera; no caso do número, porque ao se tirar algo dele, ele não está mutilado, mas é apenas outro número. Para que algo das coisas que são quantas (*tôn posôn*) possa ser dito mutilado, é preciso que isto seja partível (*meristón*) e um todo (*hólon*). E se não se pode mutilá-lo, um número não é inteiro, pois para que algo possa ser mutilado, deve permanecer a *ousía*: um copo mutilado ainda é um copo, mas dois menos um, não é mais dois.

Aristóteles assim define a diferença entre *pân* e *hólon*: "sobre o "quanto" que tem princípio e meio e fim, daqueles em que a posição não faz diferença, diz-se *pân*, daqueles em que faz, *hólon*" (*epi toû posoû ékhontos arkhèn kaì méson kaì éskhaton, hóson mèn mè poieî he thesis diaphorán, pân légetai, hóson dè poieî, hólon*, 1024a1-3). Ainda que o número apareça, aqui, junto da água (portanto, de um elemento, como um quantificável "incontável"), ainda estamos no âmbito do "quanto", do "quantificável". Não me parece, por isso, ser aqui que possamos encontrar a verdadeira distinção entre *pân* e *hólon*.

É ela, na verdade, que vemos ser colocada quando, no início do livro XII da *Metafísica* (1069a19-20), Aristóteles diz que "se o tudo (*tò pân*) é como algo todo (*hos hólon ti*), a *ousía* é a (sua) primeira parte" (*ei hos hólon ti tò pân, he ousía prôton méros*). Aqui, se diz, em primeiro lugar, que só se *tò pân* for algo todo (*hos hólon ti*) pode ele ter partes, o que coloca de modo claro que a parte só pode ter uma relação essencial com o todo (*tò hólon*) e não com o tudo (*tò pân*). Mas, além disso, afirma-se, também, que se o tudo fosse um todo e tivesse partes, as outras (partes) seriam as outras categorias que se seguiriam (*ephexês*): a *ousía*, e depois o "qual" e depois o "quanto" (*eîta tò poión, eîta tò posón*, 1069a21) etc. O "quanto", portanto, mesmo que o tudo fosse um todo, seria só uma parte desse todo. O tudo, portanto, não pode ser aqui entendido como um modo de "quanto", distinto do todo, como outro modo de "quanto". A questão do tudo, aqui, ganha a sua verdadeira dimensão, que não é a do "quanto", mas a do ser.

Nessa passagem do livro XII, *tò pân* aparece claramente como sinônimo de *tò ón*, e, mais precisamente, de *tò eînai*. A hipótese de que o tudo (*tò pân*) seja algo todo (*hólon ti*) é a hipótese de que o ser seja o todo (*tò hólon*) das categorias, o todo dos modos de ser. Mas, como diz o próprio Aristóteles, embora o ser, como o um[23], se diga de muitos modos (*Tò dè òn légetai mèn pollakhôs*, IV, 1003b33-34), não é possível nem o ser nem o um serem um gênero dos entes (*oukh hoión te dè tôn ónton hèn eînai génos oúte tò hèn oúte tò ón*, III, 3, 998b22). É um outro modo de enunciar a diferença ontológica: o ser e o um não são um ente, um gênero do ente; mas é também dizer, já que o ser e o um não são um gênero, que as categorias não são as suas espécies; já que o ser e o um não são um todo, que as categorias não são as suas partes. Mas é também um modo de dizer que, se o ser e o um não são um gênero, o tudo não é um todo[24].

---

23 *polakhôs tò hén légetai*, "de muitos modos o um se diz", Aristóteles, *Metafísica*, IV, 2, 1004a22. *kaì oudèn héteron tò hén parà tò ón*, "e o um não é outra coisa ao lado do ser", Id. Ibid. 1003b31-32.

24 A articulação entre gênero (*génos*) e todo (*hólon*) é feita por Aristóteles no livro V da *Metafísica*. Exatamente após ter tratado dos termos "parte" (*méros*), "todo" (*hólon*), e "mutilado" (*kolobón*), Aristóteles se detém sobre o termo "gênero" (*génos*). Mas a articulação entre gênero e todo é feita, na verdade, no capítulo sobre a "parte". Ao defini-la como aquilo que pode medir o todo, é nesse sentido que as formas (*tà eíde*) são ditas partes do gênero (*diò tà eíde toû génous phasìn eînai mória*, 25, 1023b18-19). Mas, por outro lado, se se pensa a própria forma como um todo (*tò hólon è tò eidos*, b20), e nas coisas no enunciado que a define, e que mostra cada coisa (*tà en tôi lógoi tôi delounti hékaston*), como partes do todo (*mória toû hólou*, b23-24), então o gênero se diz parte da forma: o todo se torna parte da parte. Isto é, ao se entrar nessa estória de todo e de parte, se está sempre na parte: como não cansa de mostrar Zenão. No livro V, o termo que vem primeiro é o de parte (*méros*), e só depois o de todo (*hólon*). Isto é, a ideia de todo é derivada da de parte. É talvez no que se funda toda a argumentação de Parmênides na primeira parte do *Parmênides*, para desconstruir a ideia socrática de uma participação (de um tomar parte de) que mantenha a unidade e a totalidade da ideia: é sendo toda que a ideia é parte.

No *Pamênides*[25], deparamo-nos com essa questão logo no início do diálogo (passagem 128a-b), onde Sócrates diz a Parmênides: "Pois tu, em teus poemas, tu afirmas que *tò pân* é um (128b)".

No contexto imediato do diálogo, a fala de Sócrates apresenta a sentença de Parmênides como equivalente à de Zenão. Após a leitura dos escritos de Zenão (*tôn toû Dzénonos grammáton*, 126c), após este ter lido os seus *lógoi* (*tôn lógon anagignoskoménon*, 127a), Sócrates pede que se releia a primeira hipótese do primeiro *lógos* (*tèn próten hypóthesin toû prótou lógou*, 127d). A hipótese formula-se assim: *ei pollá esti tà ónta*, que podemos traduzir, sem mais, por "se a totalidade do que é é múltipla". Conclui-se pela sua negação. Sócrates, então, na fala a Parmênides, faz ser equivalente a afirmação parmenídica *"hén eînai tò pân"* à zenoniana *"ou pollà eînai [tà ónta]"*. Isto é, para Sócrates, Parmênides e Zenão, *tò pân* é sinônimo de *tà ónta*.

Ora, *tà ónta*, "a totalidade do ente", como diz Heidegger, numa outra ocasião, não é uma soma. No curso do semestre de verão de 1931, sobre a *Metafísica* de Aristóteles, na parte

---

25 Há, de fato, uma única referência ao *Parmênides* em *Ser e Tempo*, mas fundamental, e, mais uma vez, Platão é citado juntamente com Aristóteles: "Se uma referência a investigações ontológico-analíticas (*seinsanalytische*) anteriores e, em seu nível, incomparáveis é permitida, então compare-se trechos ontológicos do *Parmênides* de Platão ou o quarto capítulo do sétimo livro da *Metafísica* de Aristóteles", *Sein und Zeit*, p. 39. Embora pareça uma referência meramente metodológica (uma comparação quanto ao estilo da análise), quero crer que o *Parmênides* está presente, no horizonte da questão levantada por *Ser e Tempo*, enquanto texto de fundo e mesmo como contraste com tudo o que é dito sobre o tudo e o todo, na *Metafísica* e no *Theeteto*.

introdutória, em que tenta situar o questionamento aristotélico sobre a multiplicidade e a unidade do ser dentro do horizonte parmenídico do ser enquanto um (portanto, exatamente o mesmo contexto da discussão aqui desenvolvida), Heidegger se pergunta: "A soma de todos os entes à qual nós chegamos ou tentamos chegar pela enumeração é o ente?"[26] O ente, entenda-se aqui, não é "algo ente" (*ón ti*), mas *tà eónta, émmenai*, as palavras parmenídicas para *tà ónta* e *tò eînai*. O ente, embora, de alguma maneira, seja "o ao todo" (*Das Insgesamte*), não pode, lembra Heidegger, de maneira alguma, ser entendido como um indeterminado segundo o número. Ao dizer *tò pân* não se estaria dizendo a quantidade indefinida de todas as coisas, isto é, *tò pân* não seria o número indeterminado de entes que existem, o número indeterminado da soma de todos os entes. Ainda que reste a pensar exatamente o que quer dizer a "totalidade" (*Gesamheit*) desse "ao todo" (*dieses Insgesamten*), vale, para a totalidade do ente, o que vale para a totalidade do *Dasein*: ambos não podem ser entendidos como uma soma. Mas distinguir essa totalidade da soma ainda não é distinguir *pân* de *hólon*, ainda não é pensar em que consiste a "totalidade" (*Gesamheit*) desse "ao todo" (*dieses Insgesamten*).

Em Platão e Aristóteles, as fontes de Heidegger, não encontramos uma "definição" de *tò pân*, como encontramos, em vários lugares, uma definição de *tò hólon*. O que não é um acaso. *Tò hólon* é, não só, como conceito, totalmente definível, como sua própria significação fala em definição. *Tò pân*,

---

[26] HEIDEGGER, Martin. *Aristoteles, Metaphysik Q 1-3. Von Wesen und Wirklichkeit der Kraft.* p. 29.

por sua vez, não pode ser definido como um conceito (isto é, como uma categoria aplicada a muitos indivíduos, como um "universal", *kathólou* – palavra grega, não por acaso, construída em cima de *hólon* e não de *pân*), já que só há um *tò pân* ou, como diz Parmênides no *Parmênides*, já que *tò pân* é um. Não se trata, aqui, de uma classe, de um conjunto de indivíduos, de um universal. *Tò pân* é um, mas este um não pode ser entendido no sentido do singular que se opõe ao plural. Nesse sentido, *tà pánta* não é o plural de *tò pân*. *Tà pánta* não são vários *tò pân*. A rigor, *tò pân* não tem plural. *Tò pân* só pode ser entendido como Heidegger diz que se entende a palavra grega *lógos* ou a chinesa *Tao*: como *Singulare tantum*: "O que isso nomeia, só se dá no singular, não, nem mesmo em um número, mas unicamente"[27]. Pensar *tò pân* como *singulare tantum* implica pensar cada coisa como um singular sem plural e, nesse sentido, talvez, todas as coisas possam ser um *pân* e não um *hólon*. Pensar cada coisa como singularidade é talvez pensá-la como elemento, como unidade material: como número. E não como unidade formal. São reflexões que dependem de uma certa investigação sobre a natureza de determinadas estruturas da língua. Talvez seja mesmo a hora de saber que tipo de palavras são *hólon* e *pân* e o que a própria língua grega tem a nos dizer sobre elas.

---

27 *Der Satz der Identität*. p. 25.

CAPÍTULO III
Do tudo, do todo e do algo: a discussão etimológica, morfológica e ontológica

ORIGINALMENTE, *hólon* e *pân* são termos com valor semântico bem distinto. Só o esclarecimento desses valores permite entender como, num determinado momento, eles podem vir a se confundir e, sobretudo, como a noção de "soma", noção tardia, pode deles derivar.

Segundo Chantraîne[1], *pâs* significa "todo, cada um" (no plural "todos"), e tem um campo semântico mais extenso que *hólos*, que exprime a totalidade mas não a multiplicidade. Em Homero, encontramos, mais comumente, o plural. Há, do termo, inúmeros compostos: *pantoîos* ("de todo tipo"), *pantodapós* ("de toda origem"), *pánthothen* ("de toda parte"), *pántothi* ("por toda parte"), *pántose* ("em todas as direções"), *pántote* ("sempre"), *pantos* ("de toda maneira"). O dicionário

---
1 CHANTRAÎNE, Pierre. *Dictionaire Étymologique de la Langue Grecque*. v. 2. p. 859-860.

registra que esta família de palavras sofreu largamente a concorrência de *hólos*. *Hólos* (*oûlos*, Hom., épico, jônico), por sua vez, significa "inteiro, intacto, completo, todo"[2]. O sentido original é "inteiro", às vezes "intacto", "são", como, por exemplo, em *hygiès kaì hólos*, "são e salvo". Este sentido primeiro e mais antigo da palavra é confirmado pelas comparações com o sânscrito *sárva-* ("inteiro, completo, intacto"), em que o sentido de "todo" é secundário. O sânscrito possui um correspondente formal do derivado grego *holótes* em *sarvátat-*, que significa "o fato de estar intacto". Põe-se, na origem, um indo-europeu hipotético *sol-wos que, em latim, teria dado *salvus* ("intacto, em boa saúde"), mas também *solidus* ("todo de uma só peça, completo, inteiro") e *sollus* ("*totus et solidus*"). O sentido primeiro de "inteiro, intacto" parece ter-se pouco a pouco obscurecido pelo de "todo", que predomina à medida que se dá o paralelo com *pâs*. Mostra-o o fato de que os compostos e derivados de *hólos* (como o verbo denominativo *holóomai* e o substantivo *hólosis*) são tardios, quase sempre helenísticos, os compostos antigos sendo feitos com *pan-*. Esse predomínio do sentido tardio de *hólos* pode, em parte, ser atribuído ao uso filosófico do termo. Ao dar o significado do neutro *hólon* como "o todo" e do derivado *holótes* como "totalidade", Chantraîne remete-se ao livro V da *Metafísica* de Aristóteles.

Atente-se que o significado de "soma" não é listado para nenhum dos dois termos, e quanto à distinção entre eles,

---

2 *Id. Ibid.* p. 794. Cf. também BOISACQ, Émile. *Dictionnaire étymologique de la langue grecque: Étudiée dans ses rapports avec les autres langues indo--européennes*. 4e éd. Heidelberg: Carl Winter, 1950.

falando em termos gerais, a conclusão de Chantraîne é que
hólos se distinguiria de *pâs* como, em latim, *totus* de *omnis*.
Todo o problema é definir em que consiste essa distinção, o
que o autor não faz, supondo-a, como de regra, evidente.

Se vamos a Ernout e Meillet[3] em busca de um tal esclarecimento, a decepção se repete. Os autores acusam igualmente a confusão, em latim, entre *totus* e *omnis*, sobretudo no singular, mas afirmam não haver etimologia clara para nenhum dos dois termos. Sobre *omnis*, afirmam ser primeiro o sentido indefinido de "toda espécie de", do qual é derivado o de "em geral", e daí, finalmente, o de "no conjunto". Ernout e Meillet registram *Omne* como tradução de *tò pân*, que consideram um termo da língua filosófica. Os autores salientam o fato de não haver de *omnis* correlato em nenhuma outra língua, diferindo as palavras que significam "todo" (*omnis*, *pâs*) de uma língua indo-europeia para outra. É uma observação que sugere que palavras do tipo de *pân* e *omne*, que descrevem relações mais complexas, só surgem na língua num momento mais avançado, ao contrário do que se verifica com *hólos*, de cujo radical se encontra correspondente nas várias línguas indo-europeias. Em latim, o grupo de *saluos*, correspondente do grego *hólos*, teria guardado um sentido bem concreto.

Se voltamos ao grego, ainda no terreno da etimologia, encontramos em Boisacq, apesar da concisão, informações mais precisas. O autor, além das observações já feitas por Chantraîne, confirma o sentido primeiro de *hólos* como "inteiro,

---

3 ERNOUT, A. et MEILLET, A. *Dictionnaire étymologique de la langue latine: Histoire des mots*. 3e éd. Paris: Klincksieck, 1951.

intacto", sem nem sequer citar "todo"; relaciona-o com o homérico *oûle*, "salve"; sobretudo, registra que o feminino *holótes*, no sentido de "totalidade", só aparece no ático – não só um dialeto menos antigo do grego antigo, mas também, como se sabe, o dialeto por excelência da língua filosófica. O correspondente sânscrito *sarvátat-*, segundo Boisacq, quer dizer "integridade, perfeição" e não "totalidade" – que é o sentido predominante do correspondente grego *holótes*.

Mas é quanto a *pân* que Boisacq nos dá as informações mais preciosas. Segundo o autor, *pân* pertence provavelmente ao grupo formado pelo dórico *pásasthai*, pelo ático *pampesía* e pelo jônico-ático *kyros*. O aoristo *pásasthai* (perfeito *pépamai*) significa "ter em sua potência, possuir", donde o dórico *pâma*, neutro *ktêma*, "bem, possessão". Uma série de termos sânscritos, colocados em paralelo etimológico com os gregos, fala em "potência e força". *Pampesía*, diz o dicionário, é "possessão inteira, plena propriedade" e relaciona-se, naturalmente, com *pân* e com o advérbio dele formado: *pámpam*, "absolutamente, completamente, inteiramente, totalmente" (*es pámpam*, "para sempre"). Por fim, o neutro *kyros* significa "pleno poder", donde "autoridade soberana". O adjetivo correspondente *kyrios*, em se tratando de coisas, quer dizer "que é dominante, que tem sua própria força" e, por conseguinte, "capital, principal, o mais importante". Em retórica e em gramática significa "o nome próprio", acentuando o sentido original de "o que é próprio". "Próprio" diz aqui "o que se possui", mas "o que se possui" não como um dado, mas como um bem, como um poder, como uma força: o próprio bem sendo entendido como poder e força. Através desses étimos, aprende-se que o poder é o único possuir e que, em sentido próprio, a única propriedade é a força. A etimologia situa *pân* nesse âmbito da possibilidade como propriedade, do próprio como possível[4].

Todas essas informações são fundamentais, mas a primeira observação que se pode fazer a partir delas é que nem *hólon* nem *pân* trazem, na origem, a ideia de "soma". A rigor, tal ideia não se encontra nem mesmo na etimologia do latino *summa*, de onde provém o português "soma" e o alemão *Summe*. *Summa*, segundo Ernout e Meillet, vem do feminino de *summus*, que quer dizer, num primeiro sentido, "a coisa mais alta"[5] e, num segundo, "a parte mais importante, o ponto principal e essencial"; é somente como um uso figurado do primeiro sentido que se tem "soma formada pela reunião ou adição das partes, total, conjunto". Esse sentido figurado deve-se, segundo os autores, ao hábito dos romanos, como dos gregos, de contar de baixo para cima, donde o grego *kephálaion*, "cabeça", ter o sentido figurado de "o cume, o ponto principal, a parte mais importante e, por conseguinte, o resumo", e *kephalaíoma* significar "soma, total", mas, propriamente, "recapitulação". *Summa*, no sentido de "coisa mais importante, ponto principal", deve ser aproximado, semanticamente, do grego *kyrios*, que, etimologicamente, é, como vimos, próximo de *pân*.

---

4 O mesmo âmbito em que, como veremos, se situa o *Dasein como todo* ou *a totalidade com caráter de Dasein*.
5 ERNOUT, A. et MEILLET, A. *Dictionnaire étymologique de la langue latine: Histoire des mots*. p. 1176.

Em *hólos*, a informação fundamental é o "não faltar". "Inteiro" se diz não como soma de partes ou de pedaços, mas como aquilo a que nenhuma parte ou pedaço falta. O que quer dizer que *hólos* não pode ser uma inteireza e completude que se alcança por soma, mas, ao contrário, uma inteireza e completude que se supõe na origem e de que se cuida para que não seja perdida. Daí o sentido de "são" e "salvo": esta inteireza está sempre sob ameaça, sob o perigo da perda.

A ideia de que uma soma de objetos ou de pedaços constitua um *hólon*, se entendemos o termo em seu sentido original, não faz sentido, como não faz sentido afirmar que uma *soma* é "sã", "salva", ou "inteira". Tudo o que tem o caráter de são e salvo não pode pertencer ao domínio da soma. Tudo o que tem o caráter de soma não pode pertencer ao domínio do que é são e salvo. A partir da ideia de inteireza e completude não se chega, sem um salto, à noção de um todo constituído de partes como um conjunto ou como uma soma. Que esse salto tenha sido dado só tardiamente é o que sugere a própria etimologia, à medida que esse sentido só começa a aparecer com o uso matemático e filosófico do termo. Mas mesmo nas passagens que Chantraîne cita, ao dar o sentido de *hólon* como "todo" e de *holótes* como "totalidade, no livro V da *Metafísica*[6], mesmo aí, é preciso observar, o sentido primeiro de inteireza e completude permanece, como prova o fato de que Aristóteles faça suceder, à análise do termo *hólon*, aquele que se lhe opõe nesse âmbito de significação: *kolobón*, "mutilado". Mas como *hólon* se diz em dois sentidos, e

---

6 D, 26, 1024a11. Esta é a passagem classicamente citada pelos dicionários e tradutores no que diz respeito à distinção entre *hólon* e *pân*.

em seu sentido segundo (portanto, derivado) ele quer dizer "o que contém as coisas contidas de tal modo que estas sejam algo uno" (*tò periékhon tà periekhómena hoste hèn ti eînai ekeîna*, 26, 1023b27-28), Aristóteles faz *hólon* ser precedido pela análise de *méros*, "parte", no capítulo 25. *Hólon* aparece aqui entre o mutilado e a parte. Enquanto substantivo (sentido derivado, portanto, não original do termo), *hólon* significa "todo", e se opõe ao substantivo correspondente: *méros*, "parte". Enquanto adjetivo (seu sentido primeiro e original), *hólon* significa "inteiro", e se opõe ao adjetivo correspondente: *kolobón*, "mutilado".

É interessante ver surgir, no livro *Delta* da *Metafísica* – um texto amplamente reconhecido como o léxico filosófico essencial de Aristóteles –, ao lado de noções fundamentais como *arkhé, aítion, stoikheîon, physis, anankaîon, hén, tò ón, ousía* – para citar apenas alguns dos mais importantes –, um termo como *kolobón*. É quase cômico. O próprio Aristóteles deve ter sido sensível ao humor envolvido na questão ao concluir sua análise do termo com a afirmação de que "os calvos não são mutilados" (*hoi phalakroì ou koloboí*, 27, 1024a28). Esse não é o único momento, no pensamento grego, em que *hólon* aparece num contexto cômico. No *Banquete* de Platão, assistimos ao comediógrafo Aristófanes narrar a tragédia (ou comédia) dos homens, cuja forma, outrora, era inteira (toda) (*hólon ên hekastou toû anthrópou tò eidos*, 189e), e que, após mutilados, mais precisamente, cortados ao meio (digamos mesmo: castrados) por Zeus, passaram a viver às voltas com a perseguição e o desejo do todo, que tem por nome amor (*toû hólou oûn têi epithymíai kaì dióxei éros ónoma*, 192e--193a). São passagens que mostram, tanto em Aristóteles como em Platão, o sentido primeiro e fundamental de *hólos* como "inteiro e intacto". Não creio que o cômico aí envolvido possa ser desprezado.

Ressalte-se, por ora, que as informações etimológicas se confirmam nos textos filosóficos, ao apresentarem *hólos* como se constituindo num campo semântico onde a totalidade e a unidade que a ela corresponde são dominadas pelas ideias de integridade, inteireza, completude, perfeição, sanidade, estado de intocado; e *pân*, num campo onde a totalidade e a unidade que a ela corresponde são dominadas pelas ideias de propriedade, possibilidade, potência, força, poder. O que se pode pensar a partir desses dados? A questão pode ser formulada da seguinte maneira: que modos de totalidade distintos estão envolvidos no "todo", enquanto "inteiro", e no "todo", enquanto "cada"; na totalidade enquanto inteireza, completude, perfeição, integridade, e na totalidade enquanto propriedade, possibilidade, potência, força, poder? Que relação há entre o inteiro enquanto completo, perfeito, íntegro, todo, e o cada enquanto próprio, possível, potente, forte?

Colocada a questão nesses termos, vemos que a distinção entre *hólon* e *pân* se adensa. Mostra-se, além disso, que a diferença entre os termos não é só etimológica, mas também morfológica. Tal diferença é notória, quando traduzimos os termos por "inteiro" e "cada". Ao traduzi-los ambos por "todo", esconde-se, na homofonia, não só a distinção quanto ao significado do étimo, mas também quanto ao significado da forma. Do ponto de vista morfológico, *hólon* e *pân* são também de natureza distinta: o primeiro, um nome; o segundo, um pronome.

Hólon e *pân* são originalmente adjetivos: algo que se diz de um nome; mas o primeiro é um adjetivo nominal, o segundo, um adjetivo pronominal. Embora o pronome, como diz o próprio nome, exerça na língua funções equivalentes ao nome, seja substituindo-o (função substantiva), seja determinando-o (função adjetiva), há entre os adjetivos pronominais e os adjetivos nominais uma diferença que não é fácil, como parece à primeira vista, de ser percebida: ao determinar um substantivo, o que o pronome acrescenta, como determinação, se comparado a um adjetivo?

Se dizemos, por exemplo, "homem inteiro" e "cada homem", a determinação que "inteiro" acrescenta a "homem" é de natureza diferente da que é acrescentada por "cada". A questão é saber precisamente em que consiste essa diferença. Chegamos assim, por um outro viés, à diferença entre *hólon* e *pân*. Não mais a diferença etimológica, a diferença entre os sentidos que cada um dos termos porta em seu étimo, mas a diferença morfológica, a diferença entre os sentidos que cada um dos termos porta em sua forma, no modo como cada um deles incide sobre os termos que determina 'e com os quais se relaciona. São diferenças sem as quais jamais se alcançará aquela que de fato aqui se visa: a ontológica[7].

A diferença morfológica entre o adjetivo nominal e o adjetivo pronominal torna-se ainda mais sensível, quando os

---

7 Como exemplo do auxílio que a investigação etimológica e morfológica pode prestar à investigação ontológica, conferir o capítulo "Sobre a Gramática e Etimologia da palavra 'ser'" que Heidegger faz preceder à "pergunta pela essência do ser (*nach dem Wesen des Seins*)" em *Einführung in die Metaphysik*. (Fünte, durchgesehene Auflage). Tübingen: Max Niemeyer, 1987. p. 40-56.

substantivamos. Ao dizermos "o completo", "o inteiro", "o todo", isso soa bem diferente de "o cada", "o isto", "o algum". Digamos que soa bem menos estranho. O adjetivo nominal substantivado é um fato comum na língua. A ele corresponde, frequentemente, um substantivo, formado por sufixação, a partir do radical do adjetivo nominal. A língua tem, em geral, um conjunto de sufixos especificamente para essa função. De "o completo" chega-se a "a completude"; de "o inteiro" a "a inteireza"; de "o total" a "a totalidade"; de "o belo", a "a beleza"; de "o bom", a "a bondade"; de "o vero", a "a verdade".

A substantivação do adjetivo pronominal, por outro lado, é um fato bem menos comum, embora haja menos pronomes do que adjetivos na língua. E isso não é um acaso. Pronomes são palavras que podem, em geral, ser associadas a um número muito maior de palavras, quando não a todas. E isso já é uma informação fundamental sobre os pronomes: que eles são, em si mesmos, termos que estão já nesse âmbito de totalidade no sentido do em toda parte. Além disso, o fato de que eles sejam em menor número – um número aliás bem reduzido se comparado ao dos adjetivos – diz que esse tipo de palavra, na língua, é responsável por descrever um determinado conjunto de relações muito essenciais, que estão de algum modo presentes em todo dizer.

A substantivação do pronome implica que a língua se detenha sobre o sentido da função que os pronomes exercem na língua. Supondo-se que a língua chegue a "o cada", "o isto", "o algum" (supondo-se que se esteja de algum modo claro o que se possa querer dizer com isso), chega-se muito raramente e com extrema dificuldade a "a cadaidade"[8], a "a istidade", a "a algumidade". Em geral, são termos forjados no bojo da reflexão filosófica, quase como uma violência contra a língua. Só com a filosofia se chega até eles. Ao dizer "o belo", "o bom", "o vero", a língua não precisou da filosofia, assim como não precisou da filosofia para chegar a "a beleza", "a bondade", "a verdade" (mesmo que, com a filosofia, ela estabeleça com essas palavras um novo modo de relação: não é senão esse o sentido da interrogação socrática). Mas quando se fala em "o cada", "o isto", "o algo", "o tudo", "o nada", parece que a língua chega a um outro estágio de si mesma, ao qual podemos dar, sem hesitação, o nome de filosofia. Talvez nenhuma língua tenha chegado a esse estágio antes da língua grega. E todas as outras que o fizeram, só o fizeram ao entrar em contato com ela. Talvez a filosofia

---

[8] Ao buscar, em *Die Frage nach dem Ding* (Tübingen: Max Niemeyer, 1987. p. 12), a determinação geral de "uma cada coisa" (*eines jeden Dinges*) no ser uma "cada esta" (*ein "je dieses" zu sein*) e ao dar o nome a esta determinação geral de *die Jediesheit* ("a Cadaistidade"?), não é sem a seguinte observação que Heidegger o faz: *wenn solche Wortbildung erlaubt ist*, "se tal formação de palavra é permitida". Cf., quanto à questão toda que envolve a reflexão sobre a relação entre o pronome demonstrativo e a coisidade da coisa, todo o item 5 (*Einzelnheit und Jediesheit*, "Singularidade e Cadaistidade") dessa primeira parte da obra ("Distintas maneiras de se perguntar pela coisa"), bem como o item 6 (*Das Ding als je dieses*, "A coisa como cada esta"). Em todas essas passagens a discussão com Hegel e mais especificamente com o capítulo I ("*Die sinnliche Gewissheit oder das Diese und das Meinen*), do item A (*Bewusstsein*) da Fenomenologia do Espírito (*Phänomenologie des Geistes*. Frankfurt am Main: Suhrkamp, 1986. p. 82-92.), é confessa, ainda que Heidegger afirme ser o princípio, nível e propósito do movimento de pensar de Hegel de outro tipo (p. 21). O que só prova que a questão aqui tratada, que não é senão a questão do isto (*das Diese*), portanto, a questão acerca de um pronome, é fundamental e que, cada filósofo, a sua vez, tem que com ela se defrontar.

seja grega, em sua essência (*in ihrem Wesen*)[9], como quer Heidegger, porque só junto ao povo grego a língua chegou a uma tal radicalidade de interrogação sobre si mesma[10]. É o que lembra a afirmação de que "a filosofia é na origem de sua essência de tal modo que ela primeiro (pre)ocupou (convocou) (*in Anspruch genommen hat*) o mundo grego (*Das Griechentum*), e só ele, para se desenvolver"[11].

Assim como a língua latina, que foi apenas a primeira delas, todas as línguas, no contato com a língua da filosofia grega, tiveram que estabeler consigo mesmas a mesma relação de radicalidade que aí encontraram. Qualquer língua que se pretenda engajar no exercício da filosofia deve estabelecer consigo mesma tal relação, que não é outra coisa que a própria filosofia. Filosofia, aqui, entendida como a mais radical relação da língua consigo mesma. Se fazemos filosofia em língua portuguesa, é inevitável que nos detenhamos sobre essa língua com aquela mesma radicalidade.

Ao chegar a formular algo como *tò pân*, a língua grega chega a um grau de radicalidade de interrogação sobre si mesma

---

9 HEIDEGGER, Martin, *Was ist das – Die Philosophie?* Pfullingen: Neske, 1992. p. 7.
10 Do diálogo da língua consigo mesma fala a conferência "O caminho para a língua" ("*Der Weg zur Sprache*" in *Unterwegs zur Sprache*, p. 239-268. 9. Auflage. Stuttgart: Neske, 1990), em que Heidegger, citando uma frase do *Monólogo* de Novalis ("Exatamente o que é o mais próprio da língua [*Das Eigentümliche*, "o peculiar" mas também "o estranho"], que ela só se preocupa consigo mesma, ninguém sabe", p. 241), entende o título do texto como uma alusão ao segredo da língua: "ela fala unicamente (*einzig*) e solitariamente (*einsam*) com ela mesma", p. 241.
11 HEIDEGGER, Martin. *Was ist das – Die Philosophie?* p. 7.

ainda mais alto que aquele a que ela chega ao formular algo como *tò hólon*. A substantivação de um adjetivo como *hólon* é algo que está muito mais próximo daquilo que se poderia chamar a experiência pré-filosófica da língua, do que a substantivação de um pronome como *pân*.

Talvez haja mesmo uma relação impensada e insuspeita entre a filosofia e os pronomes¹². Se nos detemos, por exemplo, nas categorias de Aristóteles, a mais alta realização da sua filosofia na reflexão sobre o problema do ser, vemos que elas são o produto de uma longa e lenta observação desse tipo de palavras e da combinação surpreendente delas: *tò tí estin* (o "o que é?"), *tò tì ên eínai* (o "o que era para ser"), *tò dià tí* (o "por quê?"), *tò hoû héneka* (o "em vista de quê", o "para quê"), *tò posón* (o "quanto"), *tò poión* (o "qual"), *tò pròs ti* (o "em relação a quê"), *tò póte* (o "quando"), *tò poû* (o "onde"), *tò kath hó* (o "desde quê", o "pelo quê"). Tais expressões ilustram a afirmação de Heidegger de que os filósofos exigiam dos gregos o inaudito das formulações (*das Unerhörte der Formulierungen*)¹³.

---

12 Ao iniciar a sua análise do *Dasein*, no parágrafo 9 de *Ser e Tempo*, Heidegger coloca, ao lado da existência (*Existenz*), como caracterísitica fundamental do *Dasein*, o caráter de *Jemeinigkeit* (um termo de difícil tradução: "o ser cada vez meu"). Junto com o dizer do *Dasein* há sempre um co-dizer (*mitsagen*) o pronome *pessoal*: "eu sou", "tu és", p. 42. O "ser sempre *meu*" da existência e o ser sempre *eu* do *Dasein* devem ser suficientes para mostrar a importância, em *Ser e Tempo*, desses outros pronomes fundamentais que são os possessivos e os pessoais. Quanto de toda a filosofia moderna não é senão um esforço de esclarecimento do pequeno pronome pessoal "eu", esforço que se confunde, nesse momento, com a própria pergunta: "o que é o homem?".
13 *Sein und Zeit*. p. 39

Em *O que é isto – a filosofia?*, Heidegger lembra, tornando ainda mais visível essa relação fundamental entre a filosofia e os pronomes, que, ao se perguntar o *que* é "o belo", "o conhecimento", "a natureza", "o movimento" – as perguntas clássicas que, em geral, atribuímos ao surgimento da filosofia –, o que está em questão, na verdade, é o que significa o "que", isto é, o *tí*. Podemos dizer que o nascimento da filosofia é quando essa pergunta se pergunta: é quando Platão e Aristóteles não hesitam em perguntar: *tí esti tò tì esti*, "o que é o 'o que é?'?" Heidegger também não hesita em entender a filosofia, em suas diversas épocas, como modos diversos de interpretação do *tí*: a filosofia de Platão, nesse sentido, seria uma interpretação característica do *tí* como *idéa*[14]. Também Aristóteles, Kant e Hegel teriam sua própria explicação do *tí*.

Tí, como *pân*, é um pronome. Há mesmo, entre eles, uma relação essencial. Num primeiro momento, morfológica, mas talvez também etimológica, e, sem sobra de dúvida, ontológica: a relação essencial entre o "algo" e o "tudo".

Segundo as gramáticas, em sua forma átona, *ti* é, como *pân*, um indefinido; em sua forma tônica, *tí* é um interrogativo. Nunca se pensou suficientemente, me parece, a relação entre os interrogativos e os indefinidos; nunca se pensou suficientemente a relação entre a interrogação e a indefinição. Se a filosofia é uma interrogação, e, ainda mais, como quer Heidegger, uma interrogação sobre a interrogação, uma pergunta pela pergunta, qual é a sua relação com a indefinição?

---

14 *Was ist das – Die Philosophie?* p. 9.

A nomenclatura que distingue interrogativos e indefinidos parece-me superficial. Esses pronomes repousam em geral sobre um mesmo tema, chamados de interrogativos quando tônicos, indefinidos quando átonos. Trata-se, parece-me, em ambos os casos, de indefinidos: indefinidos (tônicos) interrogativos, indefinidos (átonos) afirmativos: a indefinição na pergunta, a indefinição na resposta.

Em grego, esses pronomes surgem todos de um mesmo tema pronominal indo-europeu caracterizado por uma lábio-velar *k^{w}e-/o-, que existe ao lado de *k^{w}i. De *k^{w}i, tem-se *tís, tí* [15], os indefinidos (tônicos) interrogativos, "quem?", "o quê?"; *tis, ti*, os indefinidos (átonos) afirmativos "alguém, algo, algum, alguma". Do tema *k^{w}o-, que em grego passa a *po-*[16], procedem os indefinidos (tônicos) interrogativos *poîos* ("qual?"), *pósos* ("quanto?"), e os indefinidos (átonos) afirmativos correspondentes *poiós* ("de uma certa qualidade"), *posós* ("de uma certa quantidade"). Do mesmo tema, procedem ainda os indefinidos adverbiais[17] (tônicos) interrogativos *poû* ("onde?"), *poî* ("para onde?"), *pê* ("por onde? de que maneira?"), *póthen*

---

15 Cf. *lat. quis, quid*.
16 Nas formas jônicas, o tema *k^{w}e/o- passa a ko- e tem-se: *koîos, kósos, kóteros* etc.; *poû, koî, kê*, etc. Cf. *lat. ubi* (*cubi), *uter* (*cuter) etc. É o mesmo fenômeno fonético que explica a proximidade etimológica entre *pâs* e *kûros* abordada acima.
17 Segundo Celso Cunha e Lindley Cintra (*Nova Gramática do Português Contemporâneo*. Rio de Janeiro: Nova Fronteira, 1985. p. 530), "sob a denominação de advérbios reunem-se, tradicionalmente, numa classe heterogênea, palavras de natureza nominal e pronominal com distribuição e funções às vezes muito diversas. Por esta razão, nota-se entre os linguistas modernos uma tendência de reexaminar o conceito de advérbio". A meu ver, faz mais sentido manter como categoria geral a de indefinido e falar em indefinido de

("de onde?"), *póse* ("em que direção?"), *póte* ("quando?"), *pôs* ("como?") e os indefinidos adverbiais (átonos) afirmativos correspondentes *poú* ("em algum lugar"), *poí* ("para algum lugar"), *pé* ("por algum lugar, de alguma maneira"), *pothén* ("de algum lugar"), *pote* ("alguma vez, às vezes, um dia [tanto no passado, como no presente, como no futuro]"), *pós* ("de algum modo, mais ou menos assim"). A eles correspondem, como *ti* corresponde a *pân*, indefinidos compostos com *pân: pantoîon* ("de todo tipo"), *pantodapós* ("de toda origem"), *pánthothen* ("de toda parte"), *pántothi* ("por toda parte"), *pántose* ("em todas as direções"), *pántote* ("sempre"), *pántos* ("de toda maneira"). É um conjunto de palavras que descrevem as noções mais essenciais da língua: o que, o qual, o quanto, o quando, o onde e o como. Funções que, de certo modo, já estão sempre presentes em todo falar. A remissão ao todo em questão aqui como o que se dá sempre, isto é, a cada vez, de novo, parece dominar.

No verbete de *pâs, pâsa, pân*, Bailly nos remete a este tema *po-*. Há a sugestão de que o tema *pa-* de *pân* deva ser pensado em correspondência com *po-*. É uma aproximação etimólogica que não é segura, mas, morfologicamente, as palavras geradas do tema pronominal indefinido *k^we/o-, *k^wi, aparecem exatamente no mesmo campo de funções pronominais indefinidas que *pân*.

De qualquer modo, se comparado, após essa reflexão morfológica, a *hólon, pân* parece cada vez mais distinto. Não só o

---

qualidade, de quantidade (para os assim chamados "pronomes"), indefinido de lugar, de tempo e de modo (para os assim chamados "advérbios").

significado etimológico de *hólon* fala em definição, no sentido de inteireza, completude e perfeição, mas seu aspecto morfológico, enquanto adjetivo, o coloca, em oposição a *pân*, no campo de uma determinação mais definida, se é que se pode falar assim.

Um adjetivo nominal determina um substantivo atribuindo-lhe uma qualidade. O que um adjetivo pronominal atribui a um substantivo ao determiná-lo? Seria apressado dizer "uma quantidade". Em geral, aos termos que determinam a quantidade, chamamos "numerais". A dificuldade, por exemplo, em distinguir *pân*, enquanto pronome indefinido, de *pân* enquanto "soma" (um uso do termo que, de fato, a língua grega chegou a fazer) talvez tenha a sua origem na mesma dificuldade em distinguir o "um", enquanto indefinido (o grego *tis*, *ti*, mas também, num certo sentido, *eîs*, *mía*, *hén*), do "um" enquanto numeral.

A ambiguidade do "um", como a do "todo", aparece muito cedo para o pensamento grego e, desde então, os termos *eîs* e *tis* encontram-se confundidos, do mesmo modo como *hólon* e *pân*. Poderíamos dizer que a confusão entre *hólon* e *pân* é paralela à entre *eîs* e *tis*, e que, aos dois modos de totalidade constituídos por *hólon* e *pân*, devem igualmente corresponder dois modos de unidade constituídos por *eîs* e *tis*. Não é exagero afirmar, por exemplo, que o desenvolvimento das hipóteses do *Parmênides* sobre o "um"[18] esteja

---

18 No *Parmênides*, a primeira coisa que ficamos sabendo sobre o *um* da primeira hipótese é que, se ele é *um*, ele não deve ser todo (*oúte hólon autò deî eînai*, 137c) e, dentre todos os atributos que lhe são atribuídos, todos são

às voltas com essas questões, do mesmo modo como à célebre sentença de Aristóteles na *Metafísica*, "*tò ón pollakôs legetai*", corresponde outra, talvez não tão célebre, que diz "*tò hén pollakôs légetai*".

Como *hólon* em relação a *pân*, na diacronia, *eîs* vai pouco a pouco eliminando *tis*. Se observamos a negação *oútis, métis*, que se usa em Homero e no jônico para dizer "ninguém", vemos que ela é substituída, no século IV, no Ático, por *outheís, oudeís* (originalmente um forma expressiva de *oútis*, já presente na época homérica), que é reanalizada em termos de *oud' eîs*[19]. Em grego moderno, *tis* desapareceu, tendo sido substituído por *hénas=eîs* como indefinido e por *poîos* como interrogativo, ainda que o interrogativo neutro *tí* tenha subsistido. Em português, como nas línguas europeias modernas em geral, o numeral "um" não se distingue formalmente do indefinido "um". Qual o preço filosófico que se paga por tal indistinção?

Em grego, ao se dizer *tis, ti* (em função substantiva "alguém", "algo", em função adjetiva, "algum, alguma, certo, certa, um, uma"), não se está determinando o número.

---

recusados, até mesmo o de "ser" e de "um" – "o *um* nem é um nem é" (*tò hèn oúte hén estin oúte éstin*, 141e) –, mas não o de indefinido, o de infinito: *tò ápeiron*. No *Parmênides*, a única coisa que se sustenta como algo que se pode dizer do *um* da primeira hipótese é que ele é *ápeiron*. Do *um* da segunda hipótese, desse um a que se atribui todas as coisas, a primeira que se lhe atribui, uma vez que ele é, é ser um todo: "E, portanto, é todo, aquele que for um" (*Kaì hólon ára estí, hó án hén êi*, 142d).
19 Cf. CHANTRAÎNE, Pierre. *Morphologie historique du grec*. Paris: Klincksieck, 1984. p. 131.

Embora fique a questão: o que, precisamente, se está determinando? Se não se está determinando a quantidade, o que afinal se está determinando? Essa dificuldade de definição do pronome indefinido pode ser ilustrada pela dificuldade da própria gramática em classificar *tis*, *ti*, o que ela chega a fazer com a expressão quase oxímora de "determinante indefinido"[20]. O pronome indefinido determina uma indeterminação.

Ao se dizer *tis*, *ti*, fica indefinido de quem ou de quê se trata. Que se saiba que se trata de um não é aqui a informação relevante. Isso se sabe simplesmente porque o termo está no singular. Não só *tis*, mas todo termo no singular, seja ele um nome ou um pronome, dá a informação de que se trata de "um", assim como, no dual, fica-se sabendo que se trata de ambos, e, no plural, que se trata de uma pluralidade. O "número", mesmo quando falamos em singular, dual e plural, também não pode, a rigor, ser entendido no mesmo sentido de número, quando falamos em um, dois, três: número em sentido aritmético[21]. É o que Heidegger esclarece ao afirmar que o primeiro número é o três, que o um e o dois, enquanto números, só surgem depois do três:

---

20 Cf. LUKINOVICH, Alessandra et ROUSSET, Madeleine, *Grammaire de Grec Ancien*. Genève: Georg Editeur, 1994. p. 60.
21 À distinção entre singular, dual e plural corresponde muito mais, a meu ver, a entre os pronomes indefinidos *tò autó*, *tò héteron*, *tò állo*, o mesmo, o outro de ambos (o outro do outro), o outro de muitos (o outro dos outros). Será por acaso que esses termos dominam a reflexão filosófica ocidental desde Parmênides e Heráclito, e, sobretudo, desde Platão e Aristóteles? Quanto ao fato de que *autós* não deva ser interpretado como demonstrativo, mas como indefinido, ver CHANTRAÎNE. *Morphologie historique du grec*. p. 128.

O três não é o terceiro número, mas o primeiro número, e não, de modo algum, o um. Temos, por exemplo, diante de nós um pedaço de pão e uma faca, este um e com ele o outro. Quando nós os tomamos em conjunto, nós dizemos: ambos estes (*diese beiden*), o um e o outro, mas não: estes dois (*diese zwei*), não 1+1. Só quando vem se juntar ao pão e à faca, por exemplo, a taça e nós tomamos em conjunto o que é dado, dizemos: todos (*alle*); agora, tomamo-los como soma (*Summe*), quer dizer, como um con-junto (*ein Zusammen*), tanto e tanto. Só a partir do terceiro, o um de há pouco se torna o primeiro, e o outro de há pouco se torna o segundo, tornam-se um e dois, surge do "e" o "mais"[22]

Essa passagem bem pode explicar não só que *um*, no sentido do singular *ti*, não pode ser entendido como o número "um", mas também que *tò pân*, enquanto um todo não numérico, não pode ser entendido como uma soma (*Summe*).

A determinação (por mais difícil que seja falar aqui em determinação) que palavras como *pân* e *ti* definem talvez não seja nem qualitativa nem quantitativa, mas anterior à

---

22 HEIDEGGER, Martin. *Die Frage nach dem Ding. Zu Kants Lehre von den transzendentalen Grundsätzen*. Tübingen: Max Niemeyer, 1987. p. 57. A afirmação de Heidegger é confirmada pela passagem do *Parmênides*, em que o personagem Parmênides mostra, a partir do um da segunda hipótese, o um que é - único a partir do qual pode surgir o número (*arithmós*) -, o surgimento do número somente após o surgimento de um terceiro entre o um e o ser, que é o outro (*tò héreron*, 143b). Antes disso, o "ambos" (*ámpho*) ainda não é o "dois" (*dúo*, 143d) e o "cada um deles ambos" (*hekáteron autoîn*) ainda não é "um" (*hén*, 143d), no sentido aritmético do termo, isto é, enquanto numeral.

diferença entre a qualidade e a quantidade. Esses pronomes indefinidos nos jogam numa dimensão mais originária que a da qualidade e a da quantidade. As distinções qualitativas e quantitativas não conseguem apreender o que se diz quando se diz *tí*, quando se diz *pân*. Ao perguntar *tí*, "o quê?", não se está perguntando nem *poîos*, "qual?", nem *pósos*, "quanto?". Ao perguntar *tí*, "o quê?", pode-se responder *ti*, "algo", ou *pân*, "tudo", ou *oúti, oudén*, "nada". Em nenhum dos casos se estará determinando uma qualidade ou quantidade. Mas o que se estará determinando então?

Quando se diz *hólos ánthropos*, "homem inteiro", se está atribuindo a homem uma qualidade que o distingue, por exemplo, de *kolobòs ánthropos*, "homem mutilado". Ao se dizer *eîs ántropos*, "um (no sentido numeral do termo) homem", atribui-se a homem uma quantidade que o distingue, por exemplo, de *déka ánthropoi*, "dez homens". Ao dizer *tis ánthropos*, "(alg)um (certo) homem", ou *pâs ánthropos*, "todo (cada) homem", deve-se perguntar: o que se lhe está atribuindo? De que modo o que assim se lhe atribui o distingue? E distingue-o de quê?

Os adjetivos nominais e os numerais respondem, respectivamente, às perguntas "qual?" e "quanto?", em grego, respectivamente, *poîos* e *pósos*. Ao se referir às categorias da qualidade e da quantidade, é com esses pronomes interrogativos que Aristóteles as nomeia. Quando se pergunta *poîos*, "qual?", ou ao responder *poiós*, "de uma tal qualidade", ou *toîos*, "tal", algo se encontra indeterminado em relação à qualidade. É preciso para essa determinação que se dê um adjetivo. Ao perguntar *pósos*, "quanto?", ou ao responder *posós*, "de uma certa quantidade", ou *tósos*, "tanto", algo encontra-se indeterminado quanto à quantidade. É preciso para essa determinação que se dê um número. Mas ao perguntar *tís* ou *tí*, "quem?" ou "o quê?", ou ao responder *tis* ou *ti*, "alguém" ou "algo", o que se encontra indeterminado, encontra-se indeterminado quanto a quê? Para que se alcance essa determinação é preciso que se dê o quê?

Se se trata de "alguém", pode-se responder com um pronome demonstrativo, dizendo "este", "esta", ou "esse", "essa", ou "aquele", "aquela", ou, se se tratar de uma coisa, dizendo "isto" ou "isso" ou "aquilo". Em todos esses casos, ter-se-á adotado como resposta ainda um pronome: o demonstrativo, o dêictico (seu sentido anafórico não sendo senão uma derivação de seu sentido dêictico originário). A uma indefinição na pergunta, uma indefinição na resposta que apenas indica, abrindo mão de "dizer". O dêictico é um momento da língua em que a língua parece desistir da língua, dizendo: não se pode dizer, só se pode mostrar. E ainda assim, ainda aqui, a língua é a língua: essa tensão permanente entre dizer e mostrar.

Por isso, mesmo que não se utilize o dêictico, esse limite será de novo encontrado. Ao se insistir em responder à pergunta *tís*, "quem?", ou *tí*, "o quê?", ter-se-á que dar, não a qualidade, não a quantidade, mas, dirá Aristóteles, o que a coisa é, *tò tí esti*, o ser, a *ousía*; como dirão os latinos, a *quidditas*, a *essentia* (a quididade, a essência, dizemos nós, em português). Ao dá-la, pode-se dizer: Sócrates, homem – respectivamente, segundo Aristóteles, *ousía* primeira, *ousía* segunda. O problema todo se dá quando se pergunta: *quem* é Sócrates? *O que* é o homem? Aqui surgem as questões que atormentam a filosofia desde a sua aurora (e talvez a Aristóteles mais que a todos).

Em primeiro lugar, em que medida dizer "Sócrates" ou dizer "homem" não é um outro modo de dizer "este", "esse", "aquele"? O que significa o mesmo que perguntar: em que medida o nome não é senão um dêictico? É uma questão que está aí, pelo menos, desde o *Crátilo*[23]: o que diz um nome, o que ele determina?

---

[23] Até Heidegger, para quem ela permanece uma questão, e a sua resposta não é distinta da de *Crátilo*: o indicar não é exclusivo dos pronomes, que, a seu ver, inadequadamente, assim são chamados. Pronomes são assim entendidos como substitutos dos nomes. Essa tese está associada, sem dúvida, à de Sócrates, no *Crátilo*, de que os nomes substituem as coisas e devem ser semelhantes a elas. A ideia de substituição, como imitação, é aqui o fundamental. Em *Ser e Tempo*, Heidegger chama essa tradição como aquela que entende a estrutura fundamental do discurso a partir do "'como' *apofântico* da proposição" ("apophantischen *"Als" der Aussage*", p. 158). Em oposição a essa tradição, e retomando em muito a posição de Crátilo – para quem o nome é não só um "mostrar" (*deloûn*, 434a) a coisa, mas um "ensinar" (*didáskein*, 435d) o que ela é –, Heidegger chama de "como" hermenêutico-existencial (*das existenzial*-hermeneutische *"Als"*) o "como" originário (*das ursprüngliche "Als"*) da interpretação que constitui para ele a estrutura fundamental de todo discurso. Por isso, em *Die Frage nach dem Ding*, ele afirma que o sentido correto do "isto", isto é, seu papel de dêictico, e não de substituto, "encontra-se, de que modo for, em todo nomear enquanto tal" (*Es liegt irgendwie in jeder Nennung als solcher*, p. 19). Para Heidegger, a essência originária do pronome é o seu poder de designação (*Seine nennende Leistung*), assim como os artigos surgem de palavras indicadoras (*aus den hinweisenden Worten*). É desde o mesmo indicar que se dá o nomear dos nomes: "O nomear dos substantivos realiza-se sempre sobre o fundamento de um indicar. Isto é um "demonstrar", deixar-ver o que vem ao encontro e está disponível. A atividade de designação, que no demonstrativo se realiza, pertence ao que é mais originário do dizer em geral", *Id. Ibid.*

Quanto à *ousía* segunda, à essência "homem", à forma (*tò eîdos*), encontramos, na *Metafísica*, a seguinte afirmação:

> *lanthánei dè málista tò dzetoúmenon en toîs mè kat' allélon legoménois, hoîon ánthropos tí esti dzeteîtai dià tò haplôs légesthai allè mè diorídzein hóti táde tóde* (1041a31-1041b2).

Oculta-se mais que tudo o que é buscado nas (coisas que) não (são) ditas umas segundo as outras, como quando se busca o que é (o) homem, através do falar simplesmente (*haplôs*), em vez de determinar que isto é aquilo.

Quanto à *ousía* primeira, por sua vez, o problema é ainda mais grave. Aristóteles mesmo afirma, na *Metafísica*, não haver definição de algo dentre as coisas individuais (*tôn kath' hékastá tinos (...) toúton dè ouk éstin horismós*, 1036a3-5); não haver definição disso que ele chama, nas *Categorias*, de *ousía* no sentido mais importante, primeiro e maior (*Ousía de estin kyriótatá te kaì prótos kaì málista legoméne*, *Categorias*, 5, 2a 11-14). É *ousía*, nesse sentido, *ho tìs ánthropos*, fórmula de difícil tradução. Algo como: "o homem enquanto um", "o homem enquanto *algum*", o homem *tìs*[24].

Aqui está um modo de unidade que não é dado pelo *lógos*, como no caso da *ousía* segunda. A *ousía* primeira, o homem *tís*, é o homem enquanto elemento, enquanto *álogon*, enquanto matéria, enquanto *hypokeímenon*, enquanto "aquilo que

---

24 As traduções tradicionais falam aqui do "homem individual" ou "homem particular", ou mesmo, com o uso do dêictico, de "este homem".

subjaz" a todo dizer: aquilo de que se diz tudo o que se diz, sem poder, no entanto, jamais dizê-lo. Dizer, disso, que é um homem já é disso dar uma determinação, já é dizê-lo por outro, já é categorizá-lo (no sentido aristotélico do termo), já é dizê-lo *com* algo, já é dizê-lo *como* algo. O homem que não se pode definir é todo (*pân*) homem enquanto cada (*pân*) homem, enquanto um certo (*tis*) homem. E nesse sentido, cada homem, enquanto singularidade indefinida, é também uma totalidade indefinida. *Pân* e *tis* são as palavras da língua que dizem, na língua, o limite da língua: *pân* e *tis* são os significantes que significam o impossível da língua: eles apontam, desde a língua, para isso que na língua é o impossível da língua: definem algo como impossível de ser definido. *Pân* e *tis* são a lembrança, na língua, do impossível da língua e, portanto, o que é a própria língua enquanto o que se funda nesse impossível. Quando se diz "todo (cada) (*pân*) homem", se diz o que não pode ser dito: o que o homem é (*ousía* segunda). Quando se diz "um certo (um incerto) (*tis*) homem", indo, aparentemente, na direção oposta, buscando o mais singular, em oposição ao mais universal, se encontra a mesma impossibilidade: se diz de novo o que não pode ser dito: o que cada homem é enquanto *um* homem (*ousía* primeira).

A compreensão da diferença entre *hólon* e *pân* passa, necessariamente, por essa compreensão de *pân* como indefinido. O caráter de indefinição é o verdadeiro aspecto a ser salientado a partir dos dados que a morfologia nos dá, e que se coadunam aos de propriedade, possibilidade e força, colhidos a partir da etimologia. Possibilidade e indefinição são as características fundamentais que delimitam o sentido etimológico e morfológico de *pân*.

Tò pân, nesse sentido, é talvez a mais pobre de determinação de todas as palavras da língua, mas talvez, também, por isso mesmo, a mais rica. Sua riqueza consiste precisamente em sua pobreza: por não dizer coisa alguma diz todas as coisas em sua unidade e totalidade indefinida. É uma riqueza equivalente à do ser ou uma pobreza à altura do nada. E não me parece que *tudo, algo, nada, ente* e *ser* pertençam, por acaso, ao mesmo espaço de essência, ao mesmo campo de significação. A pergunta "Por que há afinal ente e não antes nada?" (*Warum ist überhaupt Seiendes und nicht vielmeher Nichts?*)[25], que Heidegger coloca como a pergunta fundamental da Metafísica (*Die Grundfrage der Metaphysik*), bem poderia ser repetida nos seguintes termos: "Por que há afinal algo (*ti*) e não antes tudo (*pân*)?" A diferença ontológica se diz aqui como a diferença entre algo (o ente) e tudo (o ser). É tal diferença que está em jogo, quando, numa passagem do livro IV da *Física*, Aristóteles afirma que "o tudo não está em um lugar" (*Tò dè pân oú pou*, 212b14), "pois aquilo mesmo que está em algum lugar é algo (*Tò gàr pou autó t'estí ti*) e deve estar ao lado deste (*parà toûto*, b15) ainda outro algo (*kaì éti állo ti*)", mas fora do tudo (*éxo toû pantós*), se entendemos isso como ao lado do tudo (*parà dè tò pân*), não existe absolutamente nada (*hólon oudén estin*, b16-17). Não há nada ao lado do tudo. Nem o tudo tem qualquer lado.

A relação entre algo (*ti*) e tudo (*pân*) se mostra como uma relação de exclusão: ou é *algo* ou é *tudo*, o que quer dizer que o tudo (*tò pân*) não é algo (*ti*), mesmo que tudo (*pân*) seja algo (*ti*).

---

25 *Einführung in die Metaphysik*. p. 1.

O sentido de indefinição que a análise morfológica de *pân* e *tis* nos dá é confirmado, também, por outra passagem da *Física*, no livro III, onde, ao se tratar do infinito, do ilimitado, do indefinido[26], como quer que se traduza *tò ápeiron*, a primeira coisa que ficamos sabendo é que há uma relação essencial entre o indefinido do infinito e a possibilidade: o infinito é em possibilidade (*dynámei eînai tò ápeiron*, 206a18). Mas não no sentido do que se opõe ao ato. Não se deve entender, esclarece Aristóteles, no caso do infinito, "o que é em possibilidade" (*tò dynámei ón*, a19), como o ser em possibilidade de algo que é possível, e que será. O infinito[27] é uma possibilidade que jamais se tornará ato. Não se trata, no caso do infinito, de algo infinito que será em ato (*ápeiron ti, hò éstai energeíai*, 206a21). Primeiro porque o que o caracteriza é nunca ser algo: o infinito não pode ser tomado como um algo definido, um este algo (*tò ápeiron ou deî lambánein hos tóde ti*, a30). Deve-se entendê-lo como o ser (*tò eînai*), não como uma substância (*oukh hos ousía tis*, a32). E como o ser (*tò eînai*) e o dia (*he heméra*)[28] são sempre algo outro e tornar-se algo outro (*aeì állo kaì állo gínesthai*, a22), assim também é o infinito

---

26 "O indefinido" (*das Unbestimmte*), é como traduz Nietzsche, *tò ápeiron*, em seu ensaio sobre Anaximandro ("Die Philosophie im tragischen Zeitalter der Griechen". Nachgelassene Schriften. *In*: Friedrich Nietzsche, *Sämtliche Werke*. Kritische Studienausgabe Herausgegeben von Giorgio Colli und Mazzino Montinari. Münschen: Deutscher Taschenbuch Verlag de Gruyter, 1988. 15 v. v. 1. p. 819.

27 Como a morte.

28 Na comparação, de Aristóteles, do dia com o infinito, ecoa o fragmento 106 de Heráclito: *physis heméras hapáses mía*, "o vigor de cada dia é um" (tradução de Carneiro Leão), em que *physis* tem o mesmo sentido do inesgotável de *ápeiron*, e em que *hápasa* e *mía* dizem o dar-se do *todo* no *cada* e no *um* do único.

(*hoúto kaì tò ápeiron*)²⁹. Sua mesmidade consiste nesse *aeí*, nesse sempre, nesse mesmo sempre diferente, nesse sempre diferentemente o mesmo, nesse mesmo inesgotável e incansável de diferença³⁰. E ele se mostra não só na divisão das grandezas (*epì tês diaireâiseos tôn megethôn*), mas também no tempo (*en tè tôi khrónoi*) e entre os homens (*epì tôn anthrópon*, 206a25-27). O que o caracteriza é o ser, dele, sempre tomado algo outro (*aeì állo kaì állo lambánesthai*), e o que é tomado (*tò lambanómeno*), o ente, o algo, embora sempre delimitado (*aeì peperasménon*), é sempre outro e outro (*aeí ge héteron kaì héteron*, a29) em relação a ele, como o algo (*ti*) é outro em relação ao tudo (*pân*), como o *lógos* é outro em relação ao elemento.

Mas na mesma medida em que se aproxima do tudo (*tò pân*), o infinito (*tò ápeiron*) se afasta do todo (*tò hólon*), mesmo que haja entre eles certa semelhança (*tò ékhein tinà homoióteta tôi hóloi*, 207a21-22). Talvez estejamos chegando, aqui, finalmente à razão da diferença e da semelhança entre o tudo (o infinito) e o todo: eles se assemelham como os contrários se assemelham. O todo é mesmo, do infinito, segundo Aristóteles, o contrário (*tounantíon*, 206b33): não aquilo de que nada está fora (*ou hoû medèn éxo*), mas aquilo de que sempre algo fora está (*all' hoû aeí ti éxo estí*, b34).

---

29 O que aproxima a mesmidade do infinito, do *ápeiron*, da mesmidade do elemento como *álogon*, tal como o vimos no *Theeteto*.
30 Esse inesgotável, Heidegger e Hesíodo o chamam de *Terra* ("Die Erde ist das zu nichts gedrängte Mühelose-Unermüdliche", "A terra é o incansável-infatigável a nada forçado", *Der Ursprung des Kunstwerkes*. Stuttgart: Reclam, 1999. p. 43). Heidegger entende, nessa conferência, *terra* como tradução de *physis* (p. 38).

O *ser algo* (*ti eînai*) definido (de-finito) aparece, fundamentalmente, como o ser fora (*éxo eînai*) do infinito: o ser algo como *ek-sistere*, como saída do *tudo*: o finito como saída do infinito. E do tudo sempre pode sair algo outro: infinitamente, indefinidamente.

Em oposição a isso, é perfeito e inteiro (todo) (*toût' estì téleion kaì hólon*, 207a8-9) aquilo de que nada está fora (*hoû dè medèn éxo*). Pois, como diz Aristóteles, "assim nós definimos o todo: aquilo de que nada está ausente, aquilo a que nada falta" (*hoúto gàr horidzómetha tò hólon, hoû methèn ápestin*, a10). Aristóteles retoma, aqui, as definições do livro V da *Metafísica*, ao dizer que "todo e perfeito ou são absolutamente o mesmo ou a natureza (deles) é muito próxima" (*Hólon te kaì téleion è tò autó pámpan è syneggys tèn physin estín*). O todo e o perfeito são igualmente associados ao fim, pois nada é perfeito se não tem um fim (*Téleion d' oudèn mè ékhon télos*) e o fim é um limite (*tò dè télos péras*, 207a15). Ora, o primeiro exemplo de um tal todo, perfeito e limitado, que Aristóteles dá é o homem: *hoîon ánthropon hólon*, "como o homem é todo, inteiro". A completude e totalidade do homem é, para Aristóteles, tal como a de uma caixa, *kibotón* (210a10).

Parece-me mais que evidente que, ao falar do *todo* do *Dasein*, Heidegger não o entende como uma caixa, nem como algo perfeito, completo e todo (*hólon*). Ao contrário, o todo do *Dasein* parece muito mais estar do lado daquilo que Aristóteles chama, aqui, de modo ambíguo, de *tò pân*.

Juntamo-nos, talvez, por isso, àqueles que, segundo Aristóteles, falam com gravidade sobre o infinito (*labánousi tèn semnóteta katà toû apeiroû*) e que afirmam que ele contém o "todas as coisas" e tem "o tudo em si mesmo" (*tò pánta periékhein kaì tò pân en heautôi ékhein*, 207a20-21). Como o tudo que contém, o infinito é apenas um todo em possibilidade (*tò dynámei hólon*, a23), não em *entelekheía*. E enquanto infinito ele é incognoscível (*ágnoston hêi ápeiron*), do mesmo modo como a matéria não tem forma (*eidos gàr ouk ékhei he hyle*, a26). E, embora seja estranho (sem-lugar) e impossível (*Átopon dè kaì adynaton*), para Aristóteles, que o que é incognoscível e o que é ilimitado limitem (*tò ágnoston kaì tò aóriston horídzein*, 207a), será exatamente assim que, como veremos, em *Ser e Tempo*, o *Dasein* encontra o seu limite na morte. Um limite que o torna todo, não enquanto inteiro, nem perfeito, nem acabado, mas como encontro de si mesmo enquanto totalidade da sua possibilidade: uma noção que talvez até pudesse ser traduzida pelo *tò dynámei hólon*, caso se visse nela não o todo em possibilidade, mas a possibilidade em seu todo, ou, como diz Heidegger, *im Ganzen*. A morte é esse infinito que finita, é esse impossível que possibilita, é esse não-todo (*ainda-não*) que totaliza. A morte é esse estranho sem-lugar do impossível que dá lugar a todo o possível: *tò pân*.

CAPÍTULO IV
Do todo e da morte: a discussão em Ser e Tempo

1) Do *Dasein* como todo

O problema da totalidade surge, em *Ser e Tempo*, em função da característica ontológica do conceito que dá o *todo* da *totalidade* estrutural do *Dasein*: a cura (*Sorge*). No início do parágrafo 46, Heidegger afirma: "A cura, que constitui a totalidade (*die Ganzheit*) do todo estrutural (*des Strukturganzen*) do *Dasein*, contradiz, abertamente, de acordo com seu sentido ontológico, um possível ser-todo (*ein mögliches Ganzsein*) desse ente"[1].

Heidegger coloca o problema nestes termos. Em seu momento primordial – o preceder-se (*das sichvorweg*) –, a cura diz que o *Dasein* é *sempre antes* (*vor*) de si (*sich*), mas, também, que ele só

---

[1] HEIDEGGER, Martin. *Sein und Zeit.* p. 236. (trad. bras.: "A possibilidade da pre-sença ser-toda contradiz, manifestamente, a cura que, de acordo com seu sentido ontológico, constitui a totalidade do todo estrutural da pre-sença", v. 2, p. 15).

é *si-mesmo* (*selbst*) nesse *antes* (*vor*)². O *antes* é o *tempo* da possibilidade. A possibilidade de ser desse ente, isso que ele pode ser, *já sempre* "*é*", enquanto possibilidade, *antes*. O *Dasein* é sempre *a partir desse antes* da possibilidade: "o *Dasein* é sempre, cada vez (*je*), sua possibilidade"³: o *Dasein* é o que *pode ser*. Mas esse momento primordial, em que se precede, é também o momento em que o *Dasein* se antecipa, em que ele *é para* essa possibilidade. Heidegger entende o ser para a possibilidade (*Sein zur Möglichkeit*) como antecipação para a possibilidade (*Vorlaufen in die Möglichkeit*)⁴. O *preceder-se* (*sich*vor*weg*) mostra-se como *ante*cipar (*vor*laufen); o ser-*antes* (*vor*sein) como ser-*para* (*sein zu*), e mesmo como *a*-ser (*Zu-sein*): a *essência* do ente "cujo modo de ser é em si mesmo o antecipar (*Das Vorlaufen*)"⁵ consiste em seu *a-ser* (*Zu-sein*)⁶. À medida que essa *essência* constitui-se como existência⁷, esta deve ser entendida como *ser para o poder ser*. A *essência* do *Dasein* é a possibilidade⁸.

O problema é que, enquanto possibilidade, precedida e antecipada, o *Dasein* sempre *ainda não* é o que *pode* ser: o que *já* é: o

---

2 Cf. parágrafo 64: "Cura e si-mesmidade" (*Sorge und Sebstheit*).
3 Id. Ibid. p. 42.
4 Ibid. p. 262.
5 Ibid.
6 "*Das "Wesen" dieses Seienden liegt in seinem Zu-sein*", Ibid. p. 42.
7 "Das "Wesen" des Daseins liegt in seiner Existenz", Ibid.
8 E não a "realidade": "Acima da *realidade* (*Wirklichkeit*) está a *possibilidade* (*Möglichkeit*)", Ibid., p. 38. Encontramos a mesma afirmação em Da Essência do Fundamento: "O possível situa-se acima do real" (*Das Mögliche höher liegt denn das Wirkliche*, p. 41). Conferir a crítica ao conceito de realidade (*Realität*) enquanto caracterização ontológica inadequada ao modo de ser do *Dasein*, no parágrafo 43 de *Ser e Tempo*: "*Dasein*, Mundanidade e Realidade" (*Dasein, Weltlichkeit und Realität*).

a-ser. É o problema que vemos ser colocado no parágrafo 45: "se a existência determina o ser do *Dasein*, e o poder-ser também constitui a sua essência, então o *Dasein*, enquanto existir, deve, em podendo ser, *ainda não ser* alguma coisa (etwas *noch nicht sein*)"[9]. A articulação entre poder-ser, preceder-se e ainda-não-ser é desenvolvida no parágrafo 46 e entendida em termos de "pender", "ficar de fora", "faltar" (*ausstehen*):

> Esse momento estrutural da cura [o preceder-se] diz, no entanto, indubitavelmente, que, no *Dasein*, há sempre algo ainda *pendente, que falta, que fica de fora*[10] (*immer noch etwas* aussteht), que, como poder ser de si mesmo, ainda não se tornou "real" (*"wirklich"*)[11].

A "não realidade" do poder-ser é descrita como *constante inconclusão* (ständige Unabgeschlossenheit) e não-totalidade (*Unganzheit*). Elas dão o significado do pendente em poder--ser (*Ausstand an Seinkönnen*). Este, por sua vez, impede a apreensão do *Dasein* como um ente todo. Falar da *totalidade* do *Dasein* implica, por isso, tratar do problema do caráter de pendente característico da existência.

A questão envolve um paradoxo: a não-totalidade (*Unganzheit*) marca o conceito que dá a totalidade (*Ganzheit*) do *Dasein*. Um paradoxo que impõe pôr em questão o sentido em que se fala de *todo* ao se falar do *todo* do *Dasein*. A nota de rodapé, no parágrafo 48, lembra a existência, em grego, da diferença entre

---
9 *Sein und Zeit*. p. 233.
10 Três traduções para uma só palavra: *aussteht*.
11 *Ibid*. p. 236.

os termos *hólon* e *pân*. A nota sugere construir, a partir dessa diferença, algo que possibilite entender a *totalidade* característica do *Dasein*, distinguindo-a de outros modos de totalidade. A nota, no entanto, não desenvolve a distinção no grego (apenas aponta para ela) e não chega a pensá-la como, aqui, propomos: o todo do *Dasein* como *pân* e não como *hólon*. Assim entendida, a distinção permitiria pensar o paradoxo envolvido no fenômeno da cura (*Sorge*): a cura (*Sorge*) diz que o *Dasein*, enquanto possibilidade, é um tudo (*pân*), e exatamente por esse motivo não é um todo (*hólon*). A diferença entre os termos gregos não é, no entanto, desenvolvida. Ela permanece uma nota de rodapé. Por isso, Heidegger tem que se haver com a questão do todo em seus próprios termos. Ou melhor, à medida que ele não se serve de nenhum outro termo para pensar o todo além de *Ganze*, é preciso entender em que sentido *Ganze* pode dizer a totalidade característica do *Dasein*. Trata-se, para Heidegger – o que é anunciado já no início do parágrafo 48, em que a nota surge –, de decidir em que medida os conceitos de totalidade (*Ganzheit*) vigentes podem permanecer categorialmente ainda indeterminados e inadequados ontologicamente ao *Dasein*. Trata-se de recusar tais conceitos de totalidade categorial (*kategorial*), por uma totalidade como existencial (*als Existenzial*)[12].

Relendo o parágrafo 45 de *Ser e Tempo*, percebe-se que a segunda seção começa precisamente com esse problema. O

---

12 *Ibid.* p. 241-242. Sobre a distinção entre existenciais e categorias, cf. parágrafo 4, p. 44: "Porque elas se determinam a partir da existencialidade, chamamos as características de ser do *Dasein* de *existenciais*. Elas devem ser nitidamente separadas das características de ser do ente que não tem o modo de ser do *Dasein*, as quais nós chamamos de *categorias*".

parágrafo 45, que inicia (e, nesse sentido, antecipa *toda*) a segunda seção, coloca o problema da *originariedade* da interpretação ontológica até ali realizada. Mas, ao perguntar pela *originariedade*, em se tratando de uma interpretação ontológica, a define em termos de *totalidade*: a interpretação deve dar o *todo* do ente tematizado (*das* Ganze *des thematischen Seienden*[13]). Ela deve respeitar também a *unidade* (*die* Einheit) dos momentos estruturais desse ente. Mas fica em questão o sentido dessa *unidade*: pergunta-se aí "pelo sentido da unidade da totalidade de ser do ente todo"[14]. Em que medida a questão da *totalidade* implica a da *unidade*[15]? Ao colocar o problema, Heidegger articula na mesma pergunta *totalidade*, *unidade* e *originariedade*, o que implica que a *totalidade* e a *unidade* do *Dasein* não podem ser alcançadas *a posteriori*, mas têm que *já* estar dadas *a priori*, *antes*, na *origem*: Heidegger pergunta "pela unidade originária desse todo estrutural" (*Frage nach der ursprünglichen Einheit dieses Strukturganzen*[16]).

O problema que se coloca, inicialmente, é se o resultado obtido na primeira seção – o ser do *Dasein* é a cura (*Das Sein des Daseins ist die Sorge*) – é uma resposta a essa pergunta. Em outras palavras: o problema que se coloca é saber se a interpretação ontológica do *Dasein* enquanto cura é *originária*, o

---

13 *Ibid*. p. 232.
14 "*Die Frage nach dem Sinn der Einheit der Seinsganzheit des ganzen Seienden*", *Ibid*. A um conceito originário de totalidade deve corresponder um conceito originário de unidade. Esta se mostrará na singularidade.
15 "A totalidade é uma certa unidade" (*oúses tês holótetos henótetós tinos*), diz Aristóteles no livro V da *Metafísica* (1023b36) ao tratar do termo *hólon*. Fica impensado, no entanto, que unidade corresponde à totalidade que se pensa com *tò pân*.
16 *Ibid*.

que quer dizer: se ela dá a *totalidade originária*. O parágrafo 45 retoma, nesse sentido, as perguntas com as quais a primeira seção se fechava:

> Mas está, com o fenômeno da cura (*Sorge*), aberta a constituição ontológico-existencial mais originária do *Dasein*? Dá a multiplicidade estrutural, que se encontra no fenômeno da cura, a totalidade mais originária do ser do *Dasein* fáctico? Trouxe à vista, a investigação feita até aqui, sobretudo, o *Dasein como todo* (*das Dasein* als Ganzes)?[17]

O parágrafo 45 abre, à primeira vista, dando uma resposta afirmativa a essas questões: "A totalidade desse todo estrutural revelou-se como cura" (*Die Ganzheit dieses Strukturganzen enthüllte sich als Sorge*"[18]). Heidegger lembra que ele mesmo afirmou que "a cura é a totalidade do todo estrutural da constituição do *Dasein*" (*die Sorge sei die Ganzheit des Strukturganzen der Daseinsverfassung*[19]), remetendo o leitor, em nota de rodapé, ao parágrafo 41 da primeira seção.

O parágrafo 41, no entanto, já concluía pela necessidade de se colocar a questão num nível mais decisivo. Embora um fenômeno-fundamento existencial-ontológico (*ein existenzial-ontologisches Grund-phänomen*)[20], a cura, em sua estrutura, *não é simples* (*nicht einfach*). E isto, exatamente, por ser estruturalmente *articulada* (*gegliedert*). Ela é multiplicidade estrutural

---

17 *Ibid.* p. 230 (trad. bras. para "*das Dasein als* Ganzes": "o todo da pre-sença", v. 1, p. 300).
18 *Id. Ibid.* p. 231.
19 *Id. Ibid.* p. 233.
20 *Ibid.* p. 196.

(*Strukturmannigfaltigkeit*). Heidegger se pergunta, já nesse parágrafo 41, por um fenômeno *ainda mais originário* (*noch ursprünglicheren*) "que sustente ontologicamente a unidade e a totalidade da multiplicidade estrutural da cura" (*Die Einheit und Ganzheit der Strukturmannigfaltigkeit der Sorge*)[21]: uma *unidade* e uma *totalidade ainda mais originárias* em que se sustentem a unidade e a totalidade da cura.

De fato, no parágrafo 45, não é a multiplicidade estrutural da cura o que impede a apreensão da totalidade do *Dasein*, mas o ponto de partida da análise, a ideia de existência: "O ente cuja essência é constituída pela existência resiste, de modo essencial, à sua possível apreensão como algo que é todo (*als ganzes Seiendes*)"[22]. Heidegger retoma, aqui, não o parágrafo 41, mas o parágrafo 9: não a multiplicidade estrutural da cura, mas a ideia de existência como um poder-ser em cujo ser está em jogo seu próprio ser.

Além disso, a existência – o que também é retomado do parágrafo 9 – é sempre *minha*, o que deixa o *Dasein* livre para a propriedade, impropriedade e indiferença em relação a seu próprio ser. E uma vez que a interpretação teve, como ponto de partida, a análise da cotidianidade mediana, isto é, da existência indiferente e imprópria, o que se teve com essa análise foi sempre o ser *impróprio* do *Dasein* (*das* uneigentliche *Sein des Daseins*), e este como *não-todo* (unganzes[23]). Heidegger correlaciona sistematicamente, a partir do parágrafo

---

21 *Ibid*. p. 196.
22 *Ibid*. p. 233 (trad. bras.: "como ente total", v. 2, p. 12).
23 *Ibid*. (trad. bras.: "como o que *não é total*", *Ibid*.).

45, *uneigentlich* e *unganz* (*impróprio* e *não-todo*), passando a descrever a cotidianidade mediana, e sua *impropriedade* característica, como um modo de *não totalidade*. O problema da impropriedade do *Dasein*, na segunda seção, torna-se o problema de sua não-totalidade. Por isso, entende-se a falta (*Mangel*) essencial da investigação, até ali, como falta em incorporar, à ideia de existência, o poder-ser próprio. Incorporá-lo daria *originariedade* à interpretação existencial.

Não no sentido, porém, de acrescentar uma parte do *todo* que estava faltando. O *todo* do *Dasein*, assim entendido, seria um todo constituído de partes, uma soma: do poder-ser próprio e do poder-ser impróprio. Que o *todo* do *Dasein* não seja uma soma é já a que aponta a nota de rodapé do parágrafo 48. Daí a questão: qual é o caráter de *todo* em questão quando se fala do *todo* do *Dasein*? Pode o *todo* do *Dasein* ser entendido como uma soma, como um todo com todas as suas partes?

No parágrafo 45, essa possibilidade já é negada: o *próprio* não é a parte que falta para completar o *todo*, mas o modo de ser em que se *é-todo*, em que "se dá" o *todo*. O *todo* não é, nesse sentido, um ajuntamento de partes: a soma entre o próprio e o impróprio. Ao contrário, Heidegger constrói uma dissimetria fundamental entre ser impróprio e não-todo, por um lado; e ser *todo* e *próprio*, por outro. A partir do parágrafo 45, passa a viger a correlação entre *Eigentlichkeit*, *Ursprünglichkeit* e *Ganzheit* (*Propriedade*, *Originariedade* e *Totalidade*). Heidegger diz: para que a interpretação do ser do *Dasein* se torne originária (*ursprünglich*), deve o ser do *Dasein*, *antes*, ser trazido à luz em sua possível propriedade e totalidade existencial (*möglichen Eigentlichkeit und*

Ganzheit existencial[24]). A demonstração de um poder-ser-
-todo próprio do *Dasein* (*eines eigentlichen Ganzseinkönnens
des Daseins*)[25] é o asseguramento, pela analítica existencial,
da constituição do ser originário do *Dasein*.

Vê-se, aqui, a formulação "um poder-ser-todo próprio" (*eines eigentliche Ganzseinkönnen*). Cabe perguntar: há um impróprio? Pode-se precisar ainda mais a pergunta: a totalidade que se mostra na propriedade é a mesma que não se alcança na impropriedade? A propriedade seria o alcance do que na impropriedade nunca se alcança? O que não se alcança na impropriedade pode, de algum modo, "ser alcançado"? Ou, ao contrário, tais totalidades são radicalmente distintas, sendo o *todo* de que se trata na propriedade somente possível a partir do "abandono" da compreensão imprópria de todo? Consistirá a propriedade precisamente nesse "abandono"? Há um conceito próprio e um conceito impróprio de todo? Em que medida a *totalidade* descreve a *originariedade* e a *propriedade*? Em que sentido *todo* quer dizer *originário* e *próprio*? No início desta segunda seção, na qual se trata de descrever a existência em sentido *próprio* e *originário*, vê-se que só se pode falar dela em termos de *totalidade*. Ou seja, *propriedade* e *originariedade*, tal como aqui entendidos, são modos de *totalidade*. Só enquanto *todo*, o *Dasein* é *próprio* e *originário*. A *propriedade* e a *originariedade* se definem pela *totalidade*.

Por outro lado, Heidegger reconhece que a situação hermenêutica, isto é, o conjunto de "pressuposições" em que se desenvolveu

---
24 *Ibid.*
25 *Ibid.* p. 234 (trad. bras.: "de um poder-ser-todo em sentido próprio da pre-
-sença", v. 2, p. 13).

a investigação em sua primeira seção não se assegurou do ente todo (*des ganzen Seienden*)²⁶. Torna-se até questionável se isso é em geral alcançável. Mas colocada em termos de "alcance", a questão do *todo* já se mostra em sua proveniência imprópria. É ela e sua compreensão que põem em questão se uma interpretação ontológica originária do *Dasein* (*eine ursprüngliche ontologische Interpretation des Daseins*) não tem que fracassar pelo modo de ser do próprio ente tematizado (*an der Seinart des thematischen Seienden selbst*). A compreensão imprópria fala sempre em termos de fracasso. Heidegger se pergunta, dando voz a essa voz: "Mas já não se encontra no ponto de partida da interpretação a renúncia da possibilidade de trazer à visão o *Dasein* como todo (*das Dasein als Ganzes*)?"²⁷

O ponto de partida da interpretação é a cotidianidade mediana. Nela se dá a existência imprópria, isto é, não-toda. Por isso, a pergunta que se faz é como e quando a análise existencial se assegurou de que forçou, com o ponto de partida da cotidianidade mediana, o *Dasein todo* a entrar na visão do tema? Em que sentido a cotidianidade mediana não dá o *todo*? O que significa a sua não totalidade?

O argumento dado no parágrafo 45 é: "a cotidianidade é de fato o 'entre' nascimento e morte"²⁸. Por sua vez, por *todo* o *Dasein* (*Das* Ganze *Dasein*), entende-se "esse ente do seu 'princípio' ao seu 'fim'"²⁹. O argumento parte da compreensão

---

26 *Ibid*. p. 233.
27 *Ibid*. (trad. bras.: "a pre-sença como um todo", v. 2, p. 11).
28 *Ibid*.
29 *Ibid*.

de que nascimento e morte, "princípio" e "fim", opõem-se ao "entre", como opõem-se entre si pelo "entre" que se lhes opõe. O nascimento, segundo essa compreensão, é o contrário da morte; o "princípio", o contrário do "fim"; e o "entre", o que se contrapõe a ambos, não só como separado deles, mas também é como o que os separa.

Nascimento e "princípio" remetem à *origem*. Morte e "fim", ao *todo*. O "entre" fica assim entendido como o que se dá "entre" a *origem* e o *todo*, separando-os, separando-se deles. O parágrafo 45, no entanto, põe *origem* e *todo* juntos. O parágrafo propõe que a *origem* seja pensada a partir do *todo*, que a *originariedade* só se esclarece como *totalidade*. Entre *origem* e *todo*, não pode haver "entre", ao menos não se o "entre" for entendido como o que os separa. E o "entre" da cotidianidade mediana se constitui precisamente como o que se exclui do "princípio" e do "fim", da *origem* e do *todo*, exatamente por excluir, entre si, um do outro, "princípio" e "fim", *origem* e *todo*. Poderá haver um *entre* do qual e no qual *origem* e *todo*, "princípio" e "fim", não estejam separados? Haverá um *entre* que não seja o "entre" da cotidianidade mediana?

Originariedade e *totalidade* ficam, em geral, excluídos na e da cotidianidade mediana. Mas, precisamente no *não* dessa exclusão, nascimento, "princípio" e *origem*, morte, "fim" e *todo* se "encontram". Como na circunferência do círculo, eles se reúnem[30]. No círculo, *princípio* e *fim* coincidem. No círculo, *origem* e *todo* se confundem.

---

30 Uma compreensão própria do princípio e do fim podemos encontrar no fragmento 103 de Heráclito: *xynón arkhè kaì péras epì kyklou perifereías*, "comum é

Certamente por isso (e vale chamar atenção para o fato), nessa passagem do parágrafo 45, os termos "princípio", "fim" e "entre" encontram-se, no texto, entre aspas, o que significa – segundo o uso que Heidegger faz, aqui, das aspas – que eles estão utilizados como se os utiliza em geral, de início e na maior parte das vezes, isto é, em sentido impróprio. Com eles contrasta o termo *todo*, em itálico, o que significa – segundo o uso que faz Heidegger, aqui, do itálico – que ele está utilizado em sentido próprio. Deve-se ficar atento a esse jogo rigoroso entre as aspas e o itálico em *Ser e Tempo*, uma obra para cuja tarefa "faltam não apenas, na maioria das vezes, as palavras, mas, sobretudo, a 'gramática'"[31].

Na passagem acima, o uso das aspas lembra que, de fato, *todo* quer dizer algo como: do "princípio" ao "fim"; que a cotidianidade, de fato, envolve algo como um "entre"; que, de início – mas apenas de início, isto é, apenas em sentido impróprio – o "entre" se opõe ao que – entendido impropriamente, isto é, cotidianamente – entendemos como o "princípio" e o "fim". Colocar as aspas significa chamar atenção para o fato de que tudo o que está assim afirmado não deixa de ter a sua verdade, desde que possamos pensá-lo propriamente, isto é, desde que possamos tirar as aspas.

Se entendemos o "fim" entre aspas, há, de fato, uma contradição e uma impossibilidade em se pensar o *Dasein* como *todo* no "entre", isto é, "antes" do "fim" (genitivo objetivo). A

---

princípio e fim na periferia do círculo". No círculo, princípio e fim são o mesmo. Quanto ao ser-em-círculo do *Dasein*, cf. o parágrafo 63, em especial p. 315.
31 *Ibid.* p. 39.

não ser que se pense o "entre" como o antes *do* fim (genitivo subjetivo), isto é, como o *antes* que pertence essencialmente ao *fim* em sentido próprio: o *fim* como o *antes* por excelência: o *fim* como o *antes* primeiro e primordial. O *antes*, enquanto a-ser (*Zu-sein*), constitui o *Dasein*. O ser *antes* de si, o preceder-se (*sich*vorweg), define a característica ontológica do momento primordial da cura, mas, também, precisamente, enquanto poder ser, dá o caráter de *ainda-não* característico da existência. O ser "antes" do "fim" e o *ainda não* ser constitutivo do pendente em poder-ser aparecem como as características da existência que impedem a apreensão da *totalidade* do *Dasein*. A pergunta de Heidegger, no entanto, é:

> Apreendeu a argumentação o ainda-não-ser e o "preceder" em um sentido *existencial* genuíno? O discurso sobre "fim" e "totalidade" estava em concordância fenomenal com o *Dasein*?[32]

Tais questões impõem uma delimitação do conceito de *todo*. É a que Heidegger dá início, no parágrafo 48, onde tenta uma caracterização provisória[33] do conceito de totalidade. Como um primeiro ensaio de resposta à questão, o parágrafo 48 constitui-se como uma "tentativa de conseguir uma

---

32 *Ibid.* p. 237.
33 Provisória, porque ela implicaria, lembra Heidegger, pressupor "já como encontrado e conhecido o investigado na investigação (o sentido do ser em geral)", *Ibid.* p. 241. Fica por ser avaliado em que medida a questão da totalidade do *Dasein* implica a questão da totalidade do ente. É a questão em que Heidegger se detém, por exemplo, em *Da Essência do Fundamento*. Aqui, em *Ser e Tempo*, a questão aparece já no parágrafo 4, com o título "o primado ôntico-ontológico do *Dasein*", p. 14.

compreensão da totalidade dotada do caráter de *Dasein* (*der daseinsmässigen Ganzheit*), partindo de um esclarecimento do ainda-não, passando pela característica do findar"[34]. É nisso que devemos nos deter agora.

2) Do Todo, do Fim e da Morte

A pergunta pela totalidade do *Dasein* (*Daseinsganzheit*), do ponto de vista existencial, emerge "como a pergunta pela constituição de ser (*Seinsverfassung*) de 'fim' e 'totalidade'"[35]. O "todo" só se dá com o "fim"; ainda que "fim" e "todo" devam, aqui, ser entendidos propriamente. O "fim", no caso do *Dasein*, é a morte. Será isso o mesmo que dizer que o *Dasein* só é *todo* morto? Será mesmo o que afirma a famosa sentença de Sólon: "é preciso ver o fim" (*khreòn télos horân*)[36]? Em que sentido a morte é *fim*? Será que a morte só vem no "fim"? Será que o *fim* só vem no "fim"?

---

34 *Ibid.* p. 245.
35 *Ibid.* p. 237.
36 Cf. Aristóteles, *Ética a Nicômaco*, 1100a11-12. Aristóteles faz a citação da sentença de Sólon num contexto semelhante ao que encontramos em *Ser e Tempo*. Em lugar do problema do ser-todo, trata-se nesse primeiro livro da *Ética a Nicômaco* do ser-feliz. Uma vez que o ser-feliz compreende uma virtude completa e uma vida completa (*kaì aretês teleías kaì bíou teleíou*, 1100a5), como pode ela se dar antes da morte? Para o ser-feliz comparecem os mesmos problemas que concernem ao ser-todo. O ser-feliz, como o ser--todo, deve poder se dar *antes* do fim, mas *não sem o fim*, que é aquilo a partir do que se definem tanto o ser-feliz quanto o ser-todo. Em ambos os casos, há um remetimento explícito à questão da morte. Essa relação entre o todo, o fim (*télos*) e a morte pode ser igualmente encontrada, em Aristóteles, no livro V da *Metafísica*.

O parágrafo 48 procede a uma análise de vários modos de "fim", todos avaliados como inadequados ao modo de ser do "fim" do *Dasein*: a morte. O morrer (*sterben*), enquanto findar (*enden*), não diz completar-se (*sich-vollenden*), nem terminar (*aufhören*), nem desaparecer (*verschwunden*), nem ficar pronto ou acabar-se (*fertigwerden*). Ao *morrer*, o *Dasein* nem se completa, como o fruto maduro; nem termina, como a chuva ou o caminho; nem fica pronto, como o quadro. Todos esses modos de fim são possibilidades de fim para as coisas simplesmente dadas ou à mão, modos de ser que não correspondem ao ser do *Dasein*. Em todos esses modos, o fim só vem no "fim".

O fim que diz respeito ao *Dasein*, ao contrário, pertence à existência e, como tal, deve se dar *enquanto* o *Dasein* existe, isto é, no "entre": portanto, "antes" do "fim". E isto porque o *Dasein* não finda "só no fim" mas "desde o princípio". O *Dasein* finda, isto é, morre, "do princípio ao fim". O *todo* do existir é *morrer*. O existir *já sempre é morrer. Sempre* é uma outra palavra para *todo*. O findar, enquanto morrer, constitui a *totalidade* do *Dasein*.

Heidegger afirma, já no parágrafo 45, que "esse fim, que pertence ao poder-ser, isto é, à existência, delimita e determina a totalidade cada vez possível do *Dasein*" (*die je mögliche Ganzheit des Daseins*)[37]. A morte, portanto, "é" *a cada vez* e não no "fim"; mesmo que isso vá contra o que, de início, a cotidianidade mediana entende por morte e "fim". Como algo que ocorre ("é") na existência, e não no "fim", a morte é lançada nisso que se entende como o "entre". Heidegger diz: "O findar

---

37 *Sein und Zeit*. p. 234.

que se tem em vista com a morte não significa um ser-no-fim (*Zu-Ende-sein*) do *Dasein*, mas um *ser para o fim* (Sein Zum Ende) desse ente"[38]. No sentido rigoroso dos termos, o *Dasein* nunca é-no-fim, pois "no fim" não se pode "ser".

O *Dasein*, na verdade, se antecipa *até o fim* como aquele que nunca "chega" ao fim. O *Dasein* se antecipa *até o fim* como aquele que nunca "morre" mas que *está sempre para morrer*. Em sentido próprio, a morte só se dá num *ser para a morte* (*Sein zum Tode*), isto é, num *estar para morrer*. Enquanto *estar para morrer*, a morte se *dá* "antes da morte". A morte *se dá* desde a *origem*.

Como o *todo* e o *fim*, a *morte* pertence ao âmbito essencial da *origem*. A *origem* de algo, Heidegger a define como "o vir até nós de sua *essência* (*die Herkunft seines Wesens*)[39]. Assim, a *origem* não é o que "foi" mas o que *vem*. Entender a morte como *origem* é entendê-la como *vir*, ou melhor, como *porvir* (*Zukunft*). O *porvir* fundamental do *Dasein* é a morte.

Enquanto fenômeno da existência, a morte é o vir até nós (*Herkunft*) da *morte*, o vir até nós do *fim*. A morte é a *origem* da morte, a *origem* do *fim*. Mais: a morte é a *origem* do *Dasein*, pois somente com o *fim* que é a morte tem *origem* o *Dasein*. A morte é o *nascimento* do *Dasein*. Somente com o *fim*, o *Dasein* nasce *propriamente*: para o seu *morrer*[40]. Come-

---

38 *Id. Ibid.* p. 245.
39 Martin Heidegger, *Der Ursprung des Kunstwerkes*. p. 7.
40 p. 245: "*Sobald ein Mensch zum Leben kommt, sogleich ist er alt genug zu sterben*", "Tão logo uma pessoa vem à vida, é ela velha o suficiente para morrer", ditado alemão para o qual a tradução brasileira encontrou correspondente em "Pra morrer basta estar vivo", v. 2, p. 26.

çar a viver diz, propriamente, começar a morrer. Entendidos existencialmente, *viver* e *morrer* indistinguem-se. Enquanto *ser-para-o-seu-morrer*, o *Dasein* só nasce para o *viver* com o *nascer* da *morte*. Por isso mesmo, a morte é também o *vir do fim do nascer*, o *vir do fim da origem*, o *vir do fim do vir*. Ao contrário do que se entende cotidianamente, *fim* e *origem* nascem juntos[41]. Não há, portanto, "entre" eles, separação.

Quando, no parágrafo 72, Heidegger recolocar a questão, lembrará que a morte, enquanto "fim" do *Dasein*, é apenas *um* dos fins que abrangem a sua totalidade: "O outro 'fim' é o 'princípio', o 'nascimento'"[42]. Ao *ser para a morte* corresponde um *ser para o princípio*, um *ser para a origem*, um *ser para o nascimento*:

> Compreendido existencialmente, o nascimento não é nunca um passado, no sentido do que não é mais simplesmente dado, tão pouco quanto o modo de ser do que está pendente, e ainda não está simplesmente dado, mas provindo, se presta à morte. O *Dasein* fáctico existe "nascendo" (*gebürtig*) e "nascendo" ele também já morre no sentido do ser para a morte[43].

---

41 É o que lembra a mais antiga sentença do pensamento: "*ex hôn dè he génesís esti toîs oûsi, kaì tèn phthoràn eis taûta gínesthai katà tò khreón*", "desde onde o nascimento é para as coisas para lá também nasce a morte, segundo a necessidade". A sentença de Anaximandro, a primeira a pensar copertinência essencial entre o *nascer* e o *morrer*, já pensa, originariamente, o nascer do perecer (*tèn phthoràn... gínesthai*) e ambos desde uma mesma origem (*ex hôn... eis taûta*). Dessa relação entre nascimento e morte dão conta também os fragmentos 36, 62, 76 e 77 de Heráclito.
42 *Sein und Zeit*. p. 373.
43 *Ibid*. p. 374.

A estes "fins" pertence, de modo essencial, o "entre". Mas o *Dasein* não está "entre" eles como em um ponto *onde* eles não estariam: "De forma alguma o *Dasein* 'é' real num ponto do tempo, fora do qual seria "cercado" pelo não-real do seu nascimento e da sua morte"[44]. Como *ser para a morte* e *ser para o princípio*, a morte e o princípio "ocorrem" no único "ponto" em que podem "ocorrer": *a cada instante*, isto é, no "entre". O "entre", assim, é, nele mesmo, o *instante* em que origem e morte se dão: o *Dasein*. O *Dasein* é o *instante*, ou, como diz Heidegger: "o *Dasein* é o 'entre'"[45]. Mas o *entre*, enquanto *entre*, já é, nele mesmo, *entre--nascimento-e-morte*. Ou seja, o *entre* já é, nele mesmo, remetimento a nascimento e morte, e é nesse remetimento, e somente a partir dele, que o "entre" se contitui como *entre*. Nascimento e morte constituem o ser fundamental do *entre*.

A não-totalidade característica da cotidianidade não se contitui pelo *ser-entre-nascimento-e-morte*, mas pela incompreensão de seu sentido próprio. Tal incompreensão não percebe que o *fim já sempre* chegou: desde o *princípio*. E que somente desde o *princípio* é que o *fim* chega e pode chegar. O *fim* chega, propriamente, como *princípio*, no *entre*. O *fim já* chega, no *entre* (*sempre* no *entre*), como o *já-ser, desde o princípio, para o fim*. O *Dasein* só é, *sendo para o princípio*, que é *ser para o fim*, no *entre*. E este é *sempre* o *seu entre* porque *sempre já* começou e sempre *ainda não* terminou. *Sempre* é um outro nome para o *entre*.

O próprio fim (ou *o fim próprio*), enquanto *ser-para-o-fim*, se dá "antes" do "fim". A própria morte (ou *a morte própria*),

---

44 *Ibid.*
45 *Ibid.*

enquanto *ser para a morte*, se dá "antes" da "morte". Também o próprio *todo* (ou o *todo próprio*), enquanto *ser-todo*, enquanto *ser-para-o-todo*, deve poder se dar "antes" do "fim" e da "morte", no *ser para o fim*, enquanto *ser para a morte*.

Há – Heidegger afirma-o no parágrafo 45, sem mais – uma relação entre o ser-no-fim do *Dasein* na morte (*das Zu--Ende-sein des Daseins im Tode*) e o ser-todo desse ente (*das Ganzsein dieses Seienden*)[46]. O ser-no-fim se mostra como *ser para o fim*. Este só pode, todavia, estar, de modo fenomenalmente adequado, incluído na discussão do possível ser-todo (*des möglichen Ganzseins*)[47], quando se tiver ganho um conceito suficiente, isto é, existencial da morte. A busca de um tal conceito tem sentido à medida que a morte, enquanto ser-para-o-fim, é entendida desde o possível ser-todo do *Dasein* (*das mögliche Ganzsein des Daseins*)[48]. O ser para a morte, enquanto ser-para-o-fim, é um ser-para-o-todo. O que quer dizer: a questão da morte, em *Ser e Tempo*, é a questão do *todo*.

Por isso, a busca de um conceito próprio de *todo* e de *fim* passa, no caso do *Dasein*, necessariamente, pela busca de um conceito próprio da *morte*. Por outro lado, a *propriedade* só pode ser definida a partir do *todo*, do *fim* e da *morte*, à medida que ser-próprio é ser-todo, ser--para-o-fim, ser para a morte: um círculo hermenêutico típico de *Ser e Tempo*.

---

46 *Ibid*. p. 234 (trad. bras.: "o ser desse ente como um todo", v. 2, p. 12).
47 *Ibid*. (trad. bras.: "da possibilidade de seu possível *ser* todo", *Ibid*.).
48 *Ibid*. p. 235 (trad. bras.: "a possibilidade da pre-sença ser-toda", v. 2, p. 15).

3) Do Todo, do Um e da Morte

No parágrafo 47, em que se trata da possibilidade de apreensão de um *Dasein todo* (*eines ganzes Daseins*)[49] a partir da experienciabilidade da morte dos outros (possibilidade que é negada), Heidegger afirma: "No morrer, mostra-se que, ontologicamente, a morte se constitui pela existência e por ser, cada vez, minha (*Jemeinigkeit*)"[50].

Que a morte seja *minha*, diz, primeiramente, que essa é a possibilidade mais própria do *Dasein*, à medida que, nessa possibilidade, o que está em jogo é o *Dasein* mesmo (*selbst*) em sua possibilidade. Nenhuma possibilidade diz mais respeito ao *Dasein* do que esta. Nenhuma possibilidade é mais *sua* do que esta.

Por isso, dizer que a morte é sempre *minha*, é dizer também que não se pode obter uma experiência da morte a partir do ser-com (*mitsein*) os outros. Ser-com é con-viver, ser no mesmo mundo. É a partir do mundo que se pode ser-com. O morto não-é-mais-no-mundo. Ao morto falta o mundo, a partir do qual um ser-com-ele possa se dar. Por isso, a morte, em sentido existencial, não pertence ao mundo compartilhado; a morte, em sentido existencial, é *incompartilhável*. Ao mundo compartilhado pertence a morte que se pode compartilhar: a morte dos outros – com toda a "ocupação" e "preocupação" nela envolvidas (funerais, enterros, cerimônias, cultos). Mas

---
49 *Ibid.* p. 237.
50 *Ibid.* p. 240.

"compartilhamos" essa morte *com* os vivos, os que não morreram (os únicos *com* quem se pode *com-partilhar*), *junto* ao morto. Não *com* o morto.

A morte existencial, que não se pode compartilhar, é a morte dos que vivem; a morte que, para cada um, é *sua*; a morte que, para mim, é *minha*. Ninguém pode se "ocupar" ou se "preocupar" com ela. Nem mesmo eu. Porque a *minha* morte não é, como a morte dos outros (dos que estão mortos), um fato, uma realidade. Ela não é "real" mas "apenas" *possível*. É essa morte, que é sempre *minha*, que é sempre uma possibilidade, e nunca uma realidade, que é a morte em sentido existencial. A questão da morte, enquanto tema para a análise do *fim* e da *totalidade* do *Dasein*, é a pergunta "pelo sentido ontológico do morrer de quem morre enquanto uma possibilidade de ser (*Seinsmöglichkeit*) de *seu* ser e não pelo modo do ser-aí-com (*Mitdaseins*)"[51].

No ser-com cotidiano, enquanto convivência, todo *Dasein* sempre pode "ser" outro. O ser-com cotidiano não é senão esse ser-com os outros: esse "ser" o que os outros "são". Ser-no-mundo significa, aqui, ser nesse conjunto de possibilidades compartilhadas. Essas possibilidades nunca são "minhas" mas sempre *também* dos outros, isto é, de "todos", isto é, de "ninguém". Elas são possibilidades do mundo e são "minhas" ou de qualquer outro à medida e somente à medida que eu ou qualquer outro somos-nesse--mundo. A substituição aqui é a lei. No que diz respeito à morte, no entanto, a lei é outra:

---

51 *Ibid.* 239.

Essa possibilidade de substituição fracassa completamente quando o que está em jogo é a substituição da possibilidade de ser que constitui o chegar-ao-fim do *Dasein* e, como tal, lhe dá o seu todo (*seine Gänze*).⁵²

Na morte, não se pode ser o *outro*, porque "*ninguém pode assumir a morte de outro*"⁵³. Na morte, o próprio mundo como *outro*, esse grande *Outro* que é o mundo, falta. Na morte, o grande *Outro* que é o mundo se mostra nulo. Na morte, se está só, de um modo essencial: só se pode ser si-mesmo (*selbst*). E se esse findar, enquanto morrer, constitui a *totalidade* do *Dasein*, "o ser do todo (*das Sein der Gänze*) ele mesmo (*selbst*) deve ser concebido como fenômeno existencial de cada próprio *Dasein* (*des je eigenen Daseins*)"⁵⁴. Como a existência e a morte, a *totalidade* é sempre *minha*.

Não sendo uma possibilidade que se funda no ser-com, a morte desfaz todas as referências a outro *Dasein* (*alle Bezüge zu anderem Dasein*)⁵⁵. A morte é *unbezüglich* (irremissível, irrelacionável). A morte é *álogon*. A morte é uma possibilidade que a presença tem de assumir sozinha. A irremissibilidade (*Unbezüglichkeit*) da morte singulariza (*vereinzelt*) o *Dasein* nele mesmo (*selbst*)⁵⁶. A morte exige o *Dasein* "*como singular*" (*als einzelnes*). O *singular* como *álogon*. O singular como *stoikheíon*⁵⁷. A morte fala do homem enquanto *elemen-*

---

52 *Ibid*. p. 240.
53 *Ibid*.
54 *Ibid*.
55 *Ibid*. p. 250.
56 *Ibid*. p. 263.
57 Cf. *Theeteto*.

to. O que quer dizer que a morte *dá* não só a *totalidade* mas a *unidade* própria do *Dasein*. Na morte, o *Dasein* é não só *todo* (*pân*) mas *um* (*ein*) (*hén, tís, mónas*). O elemento diz essa totalidade e unidade ontológicas.

Retoma-se, aqui, algo que já está colocado no parágrafo 41: "a totalidade ontologicamente elementar (*die ontologisch elementare Ganzheit*) da estrutura da cura não pode ser reconduzida a um 'proto-elemento' ôntico (*ein ontisches 'Urelement'*), assim como o ser não pode ser 'esclarecido' pelo ente"[58]. É uma afirmação que ratifica o que já se sabe desde o parágrafo 4: "O privilégio ôntico do *Dasein* está em que ele *é* ontológico"[59]. A *unidade* (*einheit*) do *Dasein* na morte, em correspondência à *sua* totalidade, deve portanto ser pensada como uma unidade privilegiada, isto é, *ontológica*, isto é, existencial. O *Dasein*, aí, é *um* num sentido *privilegiado*: *um* incontável, *um* incomparável. Não "um" entre *outros*, não "um" entre *muitos*: *um* enquanto *singular*.

Esse modo *privilegiado* de *unidade* do *Dasein*, enquanto *singularidade*, e sua articulação com o *todo*, encontra-se na dimensão propriamente existenciária do ser para a morte enquanto ser-todo. Do ponto de vista existencial, o *ser para a morte* se mostra na constituição ontológica do poder-ser-todo do *Dasein* (*des Ganzseinkönnens des Daseins*)[60]. Do ponto de vista existenciário, todavia, a questão da totalidade do *Dasein* (*Daseinsganzheit*) se mostra como a questão de um possível

---

58 *Sein und Zeit*. p. 196.
59 *Ibid*. p. 12.
60 *Ibid*. p. 234 (trad. bras.: "de seu poder-ser todo", v. 2, p. 12).

poder-ser-todo (*einem möglichen Ganzseinkönnen*)[61]. Heidegger formula tal questão assim: "o *Dasein* pode também propriamente existir todo?" (*Aber kann das Dasein auch eigentlich ganz existieren?*)[62]. O também, na formulação, anuncia que se trata na pergunta de um além. Na "passagem" do existencial para o existenciário, a questão da possível apreensão (*der möglichen Erfassung*)[63], do trazer à vista (*in den Blick zu bringen*)[64] todo o *Dasein* (*das ganze Dasein*), o *todo* do *Dasein* (*das Ganze des Daseins*), o *Dasein* enquanto todo (*das Dasein als Ganzes*), a totalidade de ser do ente todo (*Die Seinsganzheit des ganzen Seienden*), se "transforma" na questão do existir todo (*ganz existieren*), do poder-ser-todo (*Ganzseinkönnen*), do possível *ser*-todo (*des möglichen Ganz*seins) do *Dasein*.

As duas tarefas são correlatas: a colocação do *Dasein* enquanto todo (*Das Dasein als Ganzes*) significa desenvolver a pergunta pelo poder-ser-todo desse ente (*nach dem Ganzseinkönnen dieses Seienden*)[65]. Mas o ser-todo desse ente (*Das Ganzsein dieses Seienden*)[66] deve ser incluído, de modo fenomenal, na discussão do possível *ser*-todo (*des möglichen Ganz*seins). Heidegger põe em itálico, aqui, apenas *sein*, em

---

[61] *Ibid.* p. 237 (trad. bras.: "da possibilidade dela [a pre-sença] poder-ser--toda", v. 2, p. 17).
[62] *Ibid.* p. 234 (trad. bras.: "Mas será que a pre-sença pode existir toda ela de modo próprio?", v. 2, p. 12).
[63] *Ibid.* p. 233.
[64] *Ibid.* p. 233.
[65] *Ibid.* p. 233. A tradução brasileira – não só aqui, como em outros momentos – perde essa nuance ao traduzir a passagem por "a questão do poder-ser desse ente como um todo". Não se trata do "poder-ser como um todo" mas do "poder--ser-todo", enquanto *um* poder-ser que pertence ao poder-ser como um todo.
[66] *Ibid.* p. 234. (trad. bras.: "o ser desse ente como um todo", v. 2, p. 12).

*Ganz*sein, enfatizando o caráter verbal da expressão. Deve haver não somente a possibilidade de apreensão do *Dasein* como um *todo*, mas também a possibilidade do *Dasein* ser--todo. Ao *todo* do poder-ser deve pertencer *um* poder-ser: o poder-ser-todo. O ser-todo deve ser *uma* possibilidade do *Dasein*. E aqui, de novo, *todo* e *um* coincidem: por um lado, todo o *Dasein* constitui-se no todo de suas possibilidades; por outro, dentre essas possibilidades, deve estar *a* de *ser*-todo. Todo o poder-ser do *Dasein* significa o todo desse poder-ser, mas esse todo só se torna existenciariamente acessível em *um* poder-ser *singular* do *Dasein*: o poder-ser-todo. O poder-ser-todo deve ser *um* poder-ser, *uma* possibilidade de *ser* do *Dasein* e, no entanto, *nessa* possibilidade ele deve poder-*ser* a *totalidade* de sua possibilidade. Essa possibilidade é, por isso, chamada de possibilidade *privilegiada*.

O privilégio pertence a *uma* coisa, por nela, ou a partir dela, se dar, de certo modo, *todas* as coisas[67]. No privilégio se dá, de algum modo, o *todo* no *um*, a *totalidade* na *unidade*. Esse modo de *unidade* é a *singularidade*. O privilégio do *singular* é que, nele, acontece a simultaneidade entre *todo* e *um*.

Em *Ser e Tempo*, há uma série de privilégios fundamentais, estreitamente relacionados entre si e que repetem a estrutura do privilégio aqui descrita. Pode-se mesmo dizer que *Ser e Tempo* não é senão o esforço de descrição dos dois maiores dentre esses privilégios fundamentais: o privilégio da questão do ser e o privilégio do *Dasein*.

---

67 É o privilégio do *lógos* para Heráclito. E por isso, se se dá ouvido ao *lógos*, todas as coisas (são) uma (*pánta hén*).

No parágrafo 2, Heideger fala em "poder tornar visível a questão do ser enquanto uma questão *privilegiada* (*Die Seinsfrage als eine ausgezeichnete*)"[68]. No parágrafo 3, o privilégio da questão se esclarece como exigência, para as ontologias dos diversos modos possíveis de ser, de uma compreensão prévia (*Vorverständigung*) do "que nós propriamente queremos dizer com esta expressão 'ser'"[69]. Toda ontologia, nesse sentido, permanece cega "se ela, previamente (*zuvor*), não esclarece de maneira suficiente o sentido de ser"[70]. O privilégio da questão a coloca na posição (*Rang*) de um *antes* (*vor*) em relação a todas as outras. Daí Heidegger falar da *prioridade* ou *anterioridade* (*Vorrang*) da questão.

Na mesma posição encontra-se o *Dasein* em relação aos outros entes, e nisso, precisamente, constitui-se o seu privilégio: "O *Dasein* mesmo é, além disso, antes (*vor*) de (qualquer) outro ente, (um ente) privilegiado" (*Das Dasein selbst ist überdies vor anderem Seienden ausgezeichnet*)[71]. O privilégio esclarece-se, ainda que de modo provisório, antecipando muito do que constituirá propriamente o cerne da analítica existencial do *Dasein*, no parágrafo 4. Mas antes, já no parágrafo 2, ao tratar de que ente deve ser o interrogado na questão do ser – uma vez que o ser é sempre o ser de um ente –, surge a questão da prioridade ou anterioridade (*Vorrang*) de um ente em relação aos outros:

---

68 *Sein und Zeit.* p. 5.
69 *Ibid.* p. 11.
70 *Ibid.*
71 *Ibid.*

Tem um determinado ente uma anterioridade (*Vorrang*) na elaboração da questão do ser? Qual é este ente exemplar e em que sentido possui ele uma anterioridade (*Vorrang*)?[72].

Aqui, *exemplariedade* e *anterioridade* se confundem. O *exemplo* diz o mesmo que o *privilégio*: a *ante*cipação do *todo* no *um*: o fato do *todo* vir *antes* no *um*. Não o acontecimento do "universal" no "particular", mas a superação da diferença entre ambos, conforme o esclarecimento de Agamben:

> Um conceito que escapa da antinomia entre o universal e o particular nos é desde sempre familiar: é o exemplo. Em qualquer que seja o âmbito, ele faz valer sua força; o que caracteriza o exemplo é que ele vale para todos os casos do mesmo gênero e, ao mesmo tempo, está incluído entre eles. Ele é uma singularidade entre outras, que está, porém, no lugar de cada uma delas, vale para todas. [...] Daí a pregnância do termo que em grego exprime o exemplo: *para-deigma*, aquilo que se mostra ao lado (como o alemão *Bei-spiel*, aquilo que joga ao lado). Já que o lugar próprio do exemplo é sempre ao lado de si mesmo, no espaço vazio em que se desdobra a sua vida inqualificável e inesquecível[73].

---

72 *Ibid*. p. 7.
73 AGAMBEN, Giorgio. *La comunità che viene*. Torino: Bollati Boringuieri, 2001. p. 13-14. [Ed. Bras.: *A comunidade que vem*. Trad. Cláudio Oliveira. Belo Horizonte: Autêntica, 2013. p. 18.] Este pequeno livro de Agamben desenvolve uma interrogação muito próxima à que tentamos aqui, embora por outros caminhos. Ela não é sem uma discussão com Heidegger, junto de quem o autor esteve nos seminários de Thor, em 1966 e 1968, ainda como um jovem estudante. Cf., sobre o exemplo como paradigma, tudo o que dissemos,

O *exemplo* como *um* é o *singular* no qual ou a partir do qual o *todo* se dá. Heidegger descreve tal fenômeno como uma estranha, digna de nota (*merkwürdige*) "*Rück- oder Vorbezogenheit*". A tradução brasileira fala em "repercussão ou percussão prévia"[74]. *Rück-* ou *Vorbezogenheit* diz a situação ou estado (*-heit*) de encontrar-se retro- (*Rück-*) ou previamente (*Vor-*)[75] relacionado (*bezogenheit*), situação na qual se encontra o ser em relação ao *Dasein*. Ao *Dasein* só é dado colocar a questão do ser por *já* se achar concernido essencialmente (a sua *wesenhafte Betroffenheit*) pelo questionado nessa questão. O questionado *já* se dá, naquele que questiona, antes (*vor*) de ser questionado, como o a-ser (*zu-Sein*) questionado. É essa "anterioridade de relacionado" (*Vorbezogenheit*) que é condição de possibilidade da própria questão e do seu questionar. Em que consiste essa relação privilegiada (*ausgezeichneten Bezug*) do *Dasein* com o ser é o que se mostra no fato de que, enquanto ente privilegiado e exemplar, *todo* ente se dá, de certo modo, enquanto possibilidade, *antes*, no *Dasein*: todo ente intramundano é uma possibilidade *do Dasein*. Trata-se do que Heidegger chama de o primado ôntico--ontológico do *Dasein*, e que é exemplificado, no parágrafo 4, por uma passagem do *De Anima*, em que Aristóteles diz:

---

no segundo capítulo, sobre o paradigma, a ideia e o ato como esse um que é primeiro, que vai à frente e que é seguido (*arkhé*).

74 p. 34. A tradução espanhola, mais literal, mas nem por isso mais fiel, fala em "retro- o pro-ferência" (HEIDEGGER, Martin. *El Ser y el Tiempo*. Tradução: José Gaos. México: Fondo de Cultura Econômica, 1986. p. 18).

75 Em todos esses termos destaca-se a preposição *vor*: *Vorverständigung, zuvor, Vorrang, Vorbezogenheit*. A preposição diz o seu sentido precisamente na sua ambiguidade essencial: simultaneamente o antes e o à frente. Ela diz que o antes vem à frente, mas também que o que se dá na frente já vem antes. Essa é a estrutura do privilégio, que repete a dialética entre fim e origem (*télos* e *arkhé*).

he psykhè tà ónta pós estin pánta[76], "a alma é, de certo modo, a totalidade de tudo o que é"; e, também, por uma passagem das *Quaestiones de veritate*, de São Tomás, em que este fala desse ente privilegiado, a alma (*anima*), como "*ens quod natum est convenire cum omni ente*", "um ente que, em seu modo de ser, tem a propriedade de 'vir junto', isto é, de convir a todo e qualquer ente"[77].

A estrutura do privilégio, a anterioridade como antecipação do *todo* no *um*, torna-se manifesta, no *Dasein*, em *um* poder-ser em que todo o *seu* poder-ser vem à tona. Esse poder-ser privilegiado, Heidegger o chama de ser para a morte (o "estar pra morrer").

Se se diz que a morte é uma possibilidade privilegiada, e Heidegger o afirma com todas as letras em *Ser e Tempo*[78], é por nela se dar essa antecipação do *todo* no *um*, de tal modo que a possibilidade da morte é *uma* possibilidade tal que, nela, *todas* as possibilidades se dão, de algum modo, *antes*. A morte, nesse sentido, é a possibilidade *exemplar*, o *exemplo* insigne da própria possibilidade. E é nisso que ela repete a estrutura de um poder-ser-todo em que o *todo* do poder-ser se dá em

---

76 *De Anima*, III, 8, 431b21. Heidegger faz a citação da passagem sem o *pánta* que, no entanto, encontra-se no grego. Acrescento o *pánta* porque ele acentua a referência ao ser como referência à totalidade e, mais ainda, como referência à totalidade entendida pelo termo grego *pân*.
77 *Sein und Zeit*. p. 14. É de se ressaltar, aqui, a presença do latino *omni* em correspondência ao *pánta* da sentença de Aristóteles.
78 "A morte é uma possibilidade privilegiada do *Dasein*" (*der Tod eine ausgezeichnete Möglichkeit des Daseins ist*), Ibid. p. 248.

um poder-ser *singular*. A morte é dita, em *Ser e Tempo*, ser uma possibilidade *peculiar*, isto é, *muito própria*:

> E de fato, [a morte] significa uma possibilidade-de-ser muito própria (*eigentümliche*), na qual está em jogo por excelência o ser de cada próprio *Dasein*.[79]

A peculiaridade da morte consiste no fato de que ela é uma possibilidade que se mantém, *até o fim, como possibilidade*. Diferentemente das outras possibilidades, a morte é uma possibilidade que não pode ser "realizada", ou melhor, que se "realiza" somente mantendo-se *como possibilidade*. A morte é, na verdade, uma possibilidade para a qual não há diferença entre possibilidade e realidade. Como o *Dasein*, a morte só é "real", *enquanto* possibilidade:

> A morte como possibilidade não dá ao *Dasein* nada para ser "realizado" e nada que ele, em si mesmo (*selbst*), como como algo efetivo (*als Wirkliches*) pudesse ser[80].

Ser para essa possibilidade, enquanto *ser para a morte*, não significa ocupar-se de sua realização, isto é, anulá-la enquanto possibilidade. A morte é uma possibilidade para a qual se é, mantendo-a como possibilidade, mantendo-se como possibilidade para ela. Ser para a morte não é "deixar de viver", "pensar na morte" ou "esperar por ela", mas apenas *ser* para ela: apenas *ser*. Morrer, assim, não é senão *ser*, não é senão *existir*, lançado em direção à morte. Por isso, ser para a morte é se antecipar em direção à morte, não "indo em direção a ela", mas "ficando

---
79 *Ibid*. p. 240.
80 *Ibid*. p. 262.

onde se está". A antecipação (*vorlaufen in*) é o modo próprio de ser para essa possibilidade, porque antecipar é o modo próprio de ser para *a* possibilidade, que é o modo próprio de ser do *Dasein*: "O ser-para-a-morte é antecipar-se na direção de um poder-ser *do* ente cujo modo de ser é o próprio antecipar"[81]. O antecipar da morte é o movimento de ir, ficando-se onde já se estava: o movimento como repouso. Como diz Heráclito, em seu fragmento 84, "mudando, repousa" (*metabállon anapaúetai*), ou, livremente traduzido, "vivendo, morre"[82].

A possibilidade da morte é *uma* possibilidade do *Dasein*, que é *a* possibilidade do *Dasein*: a possibilidade de manter-se como possibilidade. Com isso, esclarece-se o privilégio da morte: a morte é uma possibilidade privilegiada na medida em que é o exemplo insigne do que é a própria possibilidade: pura possibilidade. Enquanto tal, a morte não conhece a possibilidade de se tornar "realidade". O que quer dizer que a morte é a possibilidade impossível de ser realizada na existência e isto, precisamente, por ser a possibilidade da impossibilidade da existência.

E é nisso também que a morte libera a possibilidade do *Dasein* ser-todo – não enquanto morto, posto que o ser-para-a-morte é precisamente a impossibilidade do *Dasein ser* morto[83] –, mas enquanto sendo para a possibilidade da impossibilidade de sua existência:

---

[81] *Ibid.*
[82] O sentido de "morrer" é mesmo um dos sentidos de *anapaúo*, na voz média, além de "repousar, deitar, dormir".
[83] "A transição para o não-mais-estar-aí (*Nichtmehrdasein*) retira o *Dasein* justamente da possibilidade de fazer a experiência dessa transição e de

A morte como possibilidade, (...) é a possibilidade da impossibilidade de *toda* (*jeglichen*) relação com..., de *todo* (*jedes*) existir. No antecipar-se para essa possibilidade, ela se torna "sempre maior", isto é, ela se revela tal que, sobretudo, não conhece *qualquer* medida, *qualquer* mais ou menos, mas significa a possibilidade da impossibilidade sem medida da existência[84].

O que se antecipa com a morte é a possibilidade da impossibilidade de: tudo. Nenhuma abertura é maior do que a da morte. Sua magnitude é tal que, nela, toda medida perde sentido. Toda medida é sempre já o esquecimento da morte. Todo medir é sempre já o advento do ente. A morte, em sua desmedida, abre sempre já o ser: o todo como tudo. A morte abre a existência *toda*, ao abrir a possibilidade da impossibilidade da existência. Não a existência *toda* no sentido da soma de *todas* as suas partes, nem mesmo da soma de todos os entes, nem a existência toda, no sentido de uma existência completa, perfeita e acabada, mas a existência enquanto *uma* só existência, *do início ao fim*, marcada pela abertura da morte. A morte é a abertura que rasga e abre o abismo que é o homem como tudo. A morte é a morte de tudo. E na existência, tudo é morte.

---

compreendê-la como experimentada", *Ibid.* p. 237.
84 *Ibid.* p. 262 (grifos meus).

CONCLUSÃO

A QUESTÃO AQUI PROPOSTA REPETE-SE, nos capítulos, como a questão de um todo, o tudo, que se instaura por um corte. Ao contrário de uma totalidade marcada pelas ideias de completude, acabamento e perfeição, de uma totalidade constituída de partes compostas ou somadas, a totalidade do *Dasein* apresenta a característica de um todo que se abre por uma cisão: o *Dasein* como elemento se instaura pelo *lógos*, o *Dasein* como poder se instaura pelo ato, o *Dasein* como possível se instaura pelo impossível, o *Dasein* como possível poder-ser-todo próprio se instaura pela decisão antecipadora do ser para a morte. Em todos os casos, trata-se de uma totalidade aberta, o que quer dizer, rasgada, cindida, que a cada vez se fecha, se limita e se determina por um fim e um limite em que o possível é desde o impossível, a vida é desde a morte, o elemento é desde o *lógos*, o poder é desde o ato. Com o limite do impossível, com a separação do *lógos*, com a cisão do ato, com a decisão do ser para a morte, advém a totalidade que não é completa, acabada, perfeita, mas indeterminada, possível, própria. Indeterminação, possibilidade e propriedade são os sentidos primordiais da palavra grega *pân*: tudo, o que a torna a palavra mais adequada para descrever a totalidade própria, a totalidade possível, a totalidade indeterminada, a totalidade aberta do *Dasein*. No parágrafo 62 de *Ser e Tempo*, *O poder-ser-todo próprio e existenciário do Dasein enquanto decisão antecipadora*, encontramos uma passagem que sintetiza bem todos esses aspectos:

> A decisão transparente a si mesma compreende que a *indeterminação* (*die* Unbestimmtheit) do poder-ser só se determina a cada vez na resolução de cada situação. Ela sabe da indeterminação que domina um ente que existe. Esse saber, no entanto, deve ele mesmo, se ele quer corresponder à decisão própria, nascer de um abrir próprio. A *indeterminação* do poder-ser próprio, embora a cada vez tornado certo na resolução, só se revela, porém, *todo* (ganz) no ser para a morte. O antecipar traz o *Dasein* diante de uma possibilidade que permanece certa e no entanto a cada instante indeterminada, quando a possibilidade se torna a impossibilidade. Ela torna manifesto que esse ente é lançado na indeterminação de sua "situação limite", em cujo decidir o *Dasein* ganha seu poder-ser-todo próprio.[1]

A abertura dessa totalidade, que é a de tudo, só se dá pela cisão, desde a qual vem a ser tudo enquanto sede e fonte inesgotável e indeterminada de possibilidade e propriedade.

---

1 *Ibid.* p. 308.

O fragmento 10 de Heráclito nos diz: *kaì ek pánton hèn kaì ex henòs pánta*, "de todas (as coisas), um e de um, todas (as coisas)". Que o *lógos* seja esse *um* desde o qual vêm a ser todas as coisas em sua possibilidade, é o ensinamento único e insistente de Heráclito. Em Heráclito, como entre os pré-socráticos de um modo geral, nunca se trata de *hólon* ao se pensar a totalidade, pois não se trata de uma totalidade que se supõe íntegra, intocada, intacta, não cindida. Não por acaso, o termo que será, para a história do ocidente, mais que fundamental, o termo fundamento: *kathólou*, "universal", é desde uma tal compreensão de totalidade construído. O que fica esquecido na "totalidade" como *hólon*, como *kathólou*, é a cisão e, por conseguinte, o ato e a decisão nela envolvidos. O que torna tal totalidade uma totalidade imprópria é ser ela uma totalidade que não se entende como possibilidade e propriedade mas como realidade e fato. Não há, em Heráclito, nenhum aparecimento do termo *kathólou* – um termo forjado nos textos de Platão e, sobretudo, de Aristóteles –, e de *hólon*, o único registro de que se tem conhecimento ocorre no mesmo fragmento 10, onde Heráclito nos lembra precisamente de que todas as coisas são, enquanto "todas", já sempre "não todas": *hóla kaì ouk hóla*, "todas e não todas", assim são todas (*pánta*) as coisas.

No percurso feito aqui, mostra-se que o todo possível em que se constitui o tudo do *Dasein* só é a partir de uma decisão que antecipa a morte. A morte (*thánatos*), nos ensina o genealogista Hesíoso, é neta da cisão de *kháos* e filha da negra e invisível noite. Ao cindir-se, por força de *kháos*, a noite negra gera simultaneamente três filhos: *Thánatos, Móros, Kér*. Essa primeira descendência da noite diz, de três modos, a mesma experiência: a morte. Mas se a raiz de *Thánatos*, *Thán-*, é a que fala propriamente em "morrer", a de *Kér*, *kar-*, fala em "cortar" e a de *Móros*, *mer-*, em "dividir". Em *Móros* e *Kér*, no corte e na divisão, fala-se também em destino, no sentido do lote concedido, da parte que cabe. Nesse discurso sobre a origem, a morte aparece como o destino do homem, no sentido da parte que lhe cabe, do lote que lhe é concedido. A morte aparece como o corte e a divisão que o marcam e encaminham para sua existência como um todo. *Mórsimos*, palavra da mesma família de *móros*, diz "marcado pelo destino para a morte". *Mósimon êmar* diz, na *Ilíada* e na *Odisseia*, "o dia supremo".

Se o ato instaurador da existência, do ser homem, é o *lógos*; se esse momento de origem e de espanto em que o homem abre a boca e fala (*khaínei*) é *kháos*; se a possibilidade em que o homem se abre como um todo (*pân*) é a morte (*thánatos*); se esse lugar em que *lógos*, *kháos* e *thánatos* são o mesmo é o lugar em que o homem diz: *pánta hén*: tudo um, então falar é morrer, falar é cumprir a *moîra* de ser homem, falar é ser para a morte.

BIBLIOGRAFIA

A Bíblia de Jerusalém. Nova edição, revista. São Paulo: Edições Paulinas, 1992.

AGAMBEN, Giorgio. *La comunità che viene*. Torino: Bollati Boringuieri, 2001. p. 13-14. [Ed. Bras.: *A comunidade que vem*. Trad. Cláudio Oliveira. Belo Horizonte: Autêntica, 2013.]

ARISTÓTELES. *Metafísica*. Edición trilingüe por Valentín García Yebra. Segunda edición revisada. Madri: Gredos, 1990. (Biblioteca Hispánica de Filosofía. Dir. por Ángel González Alvarez).

ARISTOTLE. *The Nicomachean Ethics*. With an english translation by H. Rackham. Cambridge, London: Harvard University Press, 1994. (The Loeb Classical Library).

_____. *The Categories*. By Harold P. Cooke. Cambridge, London: Harvard University Press, 1983. (The Loeb Classical Library).

ARISTOTE. *Physique.* Texte établit et traduit par Henri Carteron. Huitième tirage. Paris: Les Belles Lettres, 1996. (Collection des Universités de France).

_____. *De L'Âme.* Texte établi par A. Jannone. Traduction et notes de E. Barbotin. Deuxième édition revue. Paris: Les Belles Lettres, 1995. (Collection des Universités de France).

BOISACQ, Émile. *Dictionnaire étymologique de la langue grecque: Étudiée dans ses rapports avec les autres langues indo-européennes.* 4e éd. Heidelberg: Carl Winter, 1950.

CHANTRAÎNE, Pierre. *Dictionaire Étymologique de la Langue Grecque.* Paris: Klincksieck, 1968. 2 v.

CHANTRAÎNE, Pierre. *Morphologie historique du grec.* Paris: Klincksieck, 1984.

CUNHA, Celso e CINTRA, Lindley. *Nova Gramática do Português Contemporâneo.* Rio de Janeiro: Nova Fronteira, 1985.

DIELS, Hermann. *Die Fragmente der Vorsokratiker.* Griechisch und Deutsch von Hermann Diels. Herausgegeben von Walther Kranz. Unveränderter Nachdruck der 6. Auglage 1951. Zürich. Hildesheim: Weidmann, 1992. 3 v.

ERNOUT, A. et MEILLET, A. *Dictionnaire étymologique de la langue latine: Histoire des mots.* 3e éd. Paris: Klincksieck, 1951.

HEGEL. *Phänomenologie des Geistes.* Frankfurt am Main: Suhrkamp, 1986.

HEIDEGGER, Martin. *Sein und Zeit.* Tübingen: Max Niemeyer, 1993.

_____. *Ser e Tempo.* Tradução de Márcia de Sá Cavalcanti. Petrópolis: Vozes, 1988. 2 v.

_____. *El Ser y el Tiempo.* Tradução: José Gaos. México: Fondo de Cultura Econômica, 1986.

_____. *Was ist Metaphysik?* Frankfurt A. M.: Vittorio Klostermann, 1998.

_____. *Conferências e Escritos Filosóficos.* Tradução, introduções e notas de Ernildo Stein. (Coleção Os Pensadores). São Paulo: Abril Cultural, 1979.

_____. *Vom Wesen des Grundes.* Frankfurt A. M.: Vittorio Klostermann, 1995.

_____. "Der Satz der Identität" in *Identität und Differenz.* 11. Aufl. Stuttgart: Neske, 1999.

_____. *Aristoteles, Metaphysik Q 1-3. Von Wesen und Wirklichkeit der Kraft.* Frankfurt am Main: Vittorio Klostermann, 1990.

_____. *Vom Wesen der Wahrheit.* Achte, ergänzte Auflage. Frankfurt am Main: Vittorio Klostermann, 1997.

_____. *Phänomenologische Interpretationen zu Aristoteles (Anzeige der hermeneutischen Situation) in*

Interprétations Phénoménologiques d'Aristote. Pour le texte allemand: Dilthey – Jahrbuch. Pour le texte français: Editions Trans-Europ-Repress. Traduit de l'allemand par J.-F. Courtine. Mauvezin: Trans-Europ-Repress, 1992.

——————. *Der Satz vom Grund*. 8. Aufl. Stuttgart: Neske, 1997.

——————. *Vorträge und Aufsätze*. 7. Aufl. Stuttgart: Neske, 1994.

——————. *Einführung in die Metaphysik*. Fünte, durchgesehene Auflage. Tübingen: Max Niemeyer, 1987.

——————. *Die Frage nach dem Ding*. Tübingen: Max Niemeyer, 1987.

——————. *Was ist das – Die Philosophie?* Stuttgart: Neske, 1992.

——————. *Unterwegs zur Sprache*. 9. Auflage. Stuttgart: Neske, 1990.

——————. *Der Ursprung des Kunstwerkes*. Stuttgart: Reclam, 1999.

HEIDEGGER, Martin-FINK, Eugen. *Heraklit*. Seminar Wintersemester 1966/1967. Frankfurt A. M.: Vittorio Klostermann, 1970.

HESÍODO. *Teogonia*. A origem dos deuses. Edição revisada e acrescida do original grego. Estudo e tradução Jaa Torrano. 3ª edição. São Paulo: Iluminuras, 1995.

LUKINOVICH, Alessandra et ROUSSET, Madeleine. *Grammaire de Grec Ancien*. Genève: Georg Editeur, 1994.

NIETZSCHE, Friedrich. "Die Philosophie im tragischen Zeitalter der Griechen". Nachgelassene Schriften *in Sämtliche Werke*. Kritische Studienausgabe Herausgegeben von Giorgio Colli und Mazzino Montinari. Münschen: Deutscher Taschenbuch Verlag de Gruyter, 1988. 15 v. v. 1.

Os Pensadores Originários: Anaximandro, Parmênides, Heráclito. Introdução Emmanuel Carneiro Leão. Tradução Emmanuel Carneiro Leão e Sérgio Wrublewski. Petrópolis, RJ: Vozes, 1991.

PLATON. *Le Banquet*. Notice de Léon Robin. Texte établit et traduit par Paul Vicaire. Deuxième tirage revu et corrigé. Paris: Les Belles Lettres, 1992. (Oeuvres Complètes, t. 4, 2 p.).

──────. *Cratyle*. Texte établit et traduit par Louis Méridier. Cinquième tirage. Paris: Les Belles Lettres, 1989. t. 5, 2 p.

──────. *Phédon*. Notice de Léon Robin. Texte établit e traduit par Paul Vicaire. Deuxième tirage. Paris: Les Belles Lettres: 1995. t. 4, 1 p.

──────. *Parménide*. Texte établit et traduit par Auguste Diès. Paris: Les Belles Lettres, 1991. t. 8, 1 p.

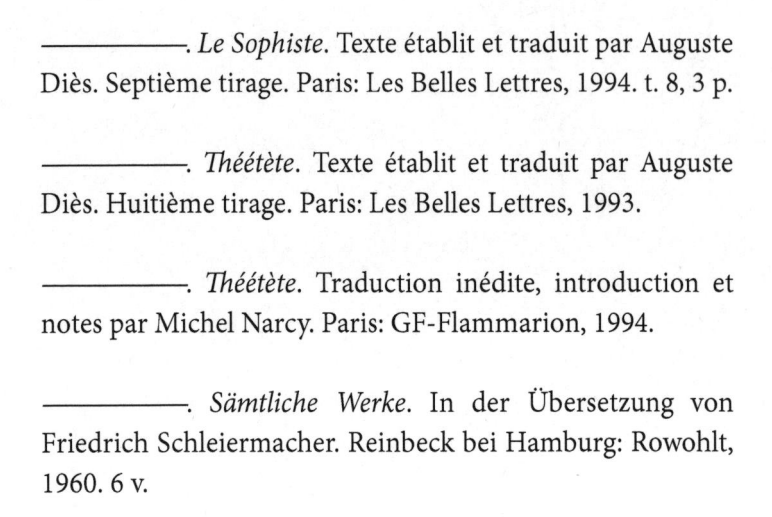

──────────. *Le Sophiste*. Texte établit et traduit par Auguste Diès. Septième tirage. Paris: Les Belles Lettres, 1994. t. 8, 3 p.

──────────. *Théétète*. Texte établit et traduit par Auguste Diès. Huitième tirage. Paris: Les Belles Lettres, 1993.

──────────. *Théétète*. Traduction inédite, introduction et notes par Michel Narcy. Paris: GF-Flammarion, 1994.

──────────. *Sämtliche Werke*. In der Übersetzung von Friedrich Schleiermacher. Reinbeck bei Hamburg: Rowohlt, 1960. 6 v.

ANEXO
A filosofia e os pronomes
ou Da metafísica à ética em Giorgio Agamben

A LINGUAGEM E A MORTE, o livro de Giorgio Agamben publicado pela primeira vez na Itália em 1982, tem a estrutura de um seminário. De fato, um seminário foi realizado entre o inverno de 1979 e o verão de 1980. Daí o subtítulo da obra: *Um seminário sobre o lugar da negatividade*. A *negatividade* surge no subtítulo como o conceito que permite articular *a linguagem e a morte* do título. Este, por sua vez, vem de uma passagem de um ensaio de Heidegger, em *A caminho da linguagem*, em que o filósofo alemão se pergunta pela relação essencial entre linguagem e morte, uma relação, segundo Heidegger, impensada na tradição ocidental. Agamben se propõe a pensar esse impensado, e o fazendo, pretende estar pensando um limite do próprio pensamento de Heidegger. Agamben se faz assim herdeiro do pensamento de Heidegger, na medida em que o que se herda de um pensador é o seu limite, a sua dívida ou, como diria o próprio Heidegger, o seu impensado.

Heidegger, nesse sentido, é um autor com poucos herdeiros, e Agamben é certamente um desses poucos. Ele de algum modo nos faz referência ao momento em que herdou essa dívida, ao nos narrar uma lembrança pessoal: Heidegger teria dito algo aos poucos alunos que o escutaram no seminário que teve lugar em Le Thor, no verão de 1968[1], do qual Agamben tomou parte. Falando do limite de seu próprio pensamento, Heidegger teria dito: "Vocês podem vê-lo, eu não posso". Pouco mais de dez anos depois, já após a morte de Heidegger, Agamben pronunciaria seu próprio seminário para tentar pensar esse limite. Este seminário é *A linguagem e a morte*.

De qualquer modo, a investigação acerca da relação entre morte e linguagem, Agamben não a trata apenas como uma interpretação do pensamento de Heidegger. Ele percorre também, ao longo do livro, alguns momentos decisivos da filosofia ocidental, em particular Hegel. Agamben avança por toda a tradição filosófica, destacando como parte constitutiva desta a compreensão do homem como ser *mortal* e *falante*, partindo precisamente da definição aristotélica do homem como animal que tem a "faculdade" da linguagem. Assim ele traduz o *dzôion ékhon lógon*, para aproximá-lo da definição hegeliana do homem como animal que tem a "faculdade da morte" (*Fähigkeit des Todes*). É como se a questão heideggeriana colocada em *Unterwegs zur Sprache* fosse um cruzamento dessas duas definições.

---

1 Os três Seminários de Le Thor aconteceram na Provence em 1966, 1968 e 1969. Segundo Jean Beaufret, no primeiro seminário estiveram presentes, além de Heidegger, Vezin, Fédier, Beaufret e dois jovens amigos vindos da Itália: Ginevra Bompiani e Giorgio Agamben. Os relatórios dos Seminários foram redigidos por Beaufret e publicados em Heidegger, *Questions IV*. Trad. Jean Beaufret et. al. Paris: Gallimard, 1976.

Agamben introduz a questão da negatividade como o problema sem o qual a relação entre morte e linguagem não pode ser tratada. Ele demonstrará isso, de início, a partir de Heidegger e de Hegel, o que corresponde, no livro, às duas primeiras jornadas.

Partindo dos parágrafos 50-53 de *Ser e Tempo*, ele chama atenção para o fato de que a possibilidade do ser-para-a--morte, em Heidegger, é uma possibilidade ontológica que não remete a nada que possa ser feito. Em última instância, é uma possibilidade que não pode ser realizada. Nesse sentido, ela é uma possibilidade radical, pois se mantém como possibilidade até o fim. Morrer é o modo próprio como a vida se realiza. A possibilidade da morte é a possibilidade da impossibilidade de existir que constitui e atravessa o *Dasein* em todo o seu existir.

Essa possibilidade ontológica alcança, segundo Heidegger, uma possibilidade existencial concreta na experiência do chamado da consciência (*Gewissen*) e da culpa (*Schuld*). Na experiência do chamado da consciência, a negatividade é implícita na medida em que, no chamado, a consciência não diz rigorosamente nada, mas fala no modo do silêncio. O homem é conclamado a algo, mas não sabe a quê. Por outro lado, ao explicitar a experiência da culpa (ou da dívida, como quer que se traduza o termo alemão *Schuld*), Heidegger torna ainda mais explícito o caráter negativo dessa experiência ao afirmar que ela é constituída por um "não". A ideia formal existencial de "em dívida", Heidegger a define assim: "ser fundamento para um ser que se determinou por um não, isto é, ser fundamento de uma negatividade (*Grundsein fur ein durch ein Nicht bestimmtes Sein, das heisst Grundsein einer Nichtigkeit)"*[2]. Essa sentença terá um lugar fundamental dentro de *A linguagem e a morte*. A que se deve essa negatividade? Ao fato de que, sendo, o *Dasein* não se colocou no seu aí (*Da*). O *Dasein* não dá a si mesmo o fundamento do seu poder ser, que, no entanto, lhe pertence, mas não enquanto algo que ele mesmo se deu. Sendo lançado no seu aí, o *Dasein* não pode ser antes do seu fundamento, mas apenas *a partir* deste e *como* este. Sendo o seu fundamento, o *Dasein* não é senhor de seu próprio ser mais próprio. Este *não* pertence ao seu ser-lançado. O *Dasein* já se encontra sempre aí, já sempre se descobre como já sendo e tendo que arcar com e assumir essa existência que lhe é dada. A negatividade do *Dasein* significa que um *não* constitui o seu ser: o não poder retornar para aquém de si mesmo. Heidegger vê aí uma negatividade essencial.

Ao retornar a esta questão em *O que é metafísica?*, dois anos depois, Heidegger mostrará que a questão do nada, mais originário que *o não* e a *negação*, se revela como a questão metafísica por excelência. Agamben lê esse texto de Heidegger como uma reafirmação da tese hegeliana da identidade entre o puro ser e o puro nada e já começa assim a estabelecer uma identidade entre Hegel e Heidegger que seria dificilmente admitida pelo último, mas que Agamben toma como ponto de partida para todos os desenvolvimentos futuros do seminário.

O próprio conceito de metafísica que Agamben extrai de Heidegger, levando em conta, para isso, sobretudo a definição

---

[2] *Apud* Agamben, G. *A linguagem e a morte*. Trad. Henrique Burigo. Belo Horizonte: Ed. UFMG, 2006. p. 8.

de *O que é metafísica?*, ele a redefine em seus próprios termos. Ao fim da introdução ao Seminário, Agamben coloca, em nota de rodapé, sua definição de metafísica: "O termo metafísica indica, no curso do seminário, a tradição de pensamento que pensa a autofundação do ser como fundamento negativo"[3]. O conceito de metafísica de Agamben difere, nesse sentido, do conceito de metafísica em Heidegger, e, em função dessa diferença, há uma modificação na própria ideia de superação da metafísica.

Mas a verdadeira guinada do livro não está, neste momento, nessas pequenas modificações que Agamben vai introduzindo em relação a Heidegger. Ela surge na continuidade de sua análise do problema da negatividade, ao se perguntar de onde ela vem. Ele chama atenção para uma passagem do parágrafo 53 de *Ser e Tempo* em que Heidegger escreve que "na antecipação da morte, indeterminadamente certa, o *Dasein* se abre a uma ameaça que provém do seu próprio *Da* [aí]"[4]. Para Heidegger, o isolamento que a morte desvela ao *Dasein* é somente um modo de descerrar-se o *Da* [aí] da existência. A pergunta que Agamben se coloca é sobre a relação entre o aí e a negatividade que a morte introduz:

> Se ser o próprio *Da* (o próprio *aí*) é o que caracteriza o *Dasein* (o Ser-aí), isto significa que justamente no ponto em que a possibilidade de ser o *Da*, de estar em casa no próprio lugar, é assumida, através da experiência da morte, da maneira mais autêntica, o *Da* revela-se como o lugar

---

3 Agamben, G. *A linguagem e a morte*, p. 6.
4 *Apud* Agamben, G. *A linguagem e a morte*, p. 10.

a partir do qual ameaça uma negatividade radical. Existe algo na pequena palavra *Da*, que nulifica, que introduz a negação naquele ente – o homem – que deve ser o seu *Da*. *A negatividade provém, ao* Dasein, *de seu próprio Da*.⁵

A questão que resta a partir de então é saber de onde provém o poder nulificante do *Da*. Agamben vai se prender a essa pequena partícula em alemão, "*da*", que se traduz em português por "*aí*", para estabelecer uma insólita aproximação com Hegel:

> Note-se que, no início da *Fenomenologia do Espírito*, a negatividade brota precisamente da análise de uma partícula morfológica e semanticamente conexa com o *Da*: o pronome demonstrativo *diese* (isto/este). Assim como o pensamento de Heidegger em *Sein und Zeit* começa com o ser-o-*Da* (*Dasein*), a *Fenomenologia do Espírito* hegeliana abre-se com a tentativa da certeza sensível de "apreender-o-*Diese*" (*das* Diese *nehmen*). Existe, acaso, uma analogia entre a experiência da morte que, em *Sein und Zeit*, revela ao Ser-aí a possibilidade autêntica de ser o seu *aí*, o seu *aqui*, e a experiência do "apreender o Isto" que, no início da *Fenomenologia*, garante que o discurso hegeliano comece do nada?⁶

É com a retomada da questão dos mistérios, já introduzida em seu livro anterior, *Infância e História*, que Agamben inicia sua abordagem de Hegel. Partindo de um poema escrito na juventude, intitulado *Eleusis* e dedicado a Hölderlin,

---

5 Agamben, G. *A linguagem e a morte*, p. 17-18.
6 *Ibid.* p. 18.

Agamben localiza no jovem Hegel um pensamento sobre o mistério e o inefável que iria ser superado no Hegel da *Fenomenologia*. Nesse novo momento de seu percurso, o conteúdo do "mistério eleusino" não é nada mais que a experiência da negatividade que é inerente a todo querer dizer: "O iniciado aprende aqui a não dizer aquilo que quer-dizer; mas, para isso, não precisa calar, como no poema *Elêusis*, e experimentar a 'pobreza das palavras'. (...) a linguagem conserva o indizível dizendo-o, ou seja, colhendo-o na sua negatividade"[7].

Dito nos termos de *Infância e História*, o mistério não é senão a infância da linguagem, que Hegel define, no capítulo sobre a certeza sensível na *Fenomenologia*, como a impossibilidade de dizer o que se quer dizer: no caso da certeza sensível, o isto. Daí o título desse primeiro capítulo da *Fenomenologia*: o querer dizer e o isto (*Das Meinung und das Diese*).

O mistério, portanto, não é senão a experiência da linguagem descrita em *Infância e História*, seu livro anterior: a experiência do limite imposto à linguagem pelo fato de o homem não ser sempre (todo) falante. A certeza sensível está presa ao que se perde por essa entrada do homem na linguagem, presa a esse perdido sem sabê-lo perdido, sem saber que a linguagem não é senão o processo que instaura essa perda: "A 'santa lei' da deusa de Elêusis, que, no hino juvenil, proibia ao iniciado revelar com palavras o que havia 'sentido, ouvido e visto' na noite, é agora assumida pela própria linguagem, que tem a 'natureza divina' de não deixar vir a *Meinung* [o querer dizer] à palavra"[8]. A análise de Hegel mostra que todos agimos

---

7 *Ibid.* p. 28.
8 *Ibid.*

como os "iniciados" nesse "mistério", apenas pelo fato de sermos falantes. É nesse sentido que, lembra Agamben, "todo discurso diz o inefável", como dizia Nicolau de Cusa.

Mas, de novo, aqui, a originalidade da leitura agambeniana de Hegel está em prestar atenção, advertido pela linguística do século XX, no fato de que toda essa experiência misteriosa se desenvolve em torno de uma partícula da língua, *Diese*, exatamente como, no caso de Heidegger, em *Ser e Tempo*, ela está presa a uma outra partícula, *Da*:

> o mistério eleusino, com cuja sabedoria se abre a *Fenomenologia*, tem como conteúdo a experiência de uma *Nichtigkeit*, de uma negatividade que se revela inerente, desde sempre, à certeza sensível no instante em que ela tenta "apreender o *Isto*" (*Das* Diese *nehmen*); do mesmo modo, em *Sein und Zeit*, a negatividade – que o atravessa desde sempre – é revelada ao *Dasein* no ponto em que, na experiência daquele "mistério" que é o ser-para-a-morte, ele é autenticamente o seu *Da*. Ser-o-*Da*, apreender o *Isto*: a semelhança entre estas duas expressões e o seu nexo comum com a negatividade são meramente casuais, ou nelas não se esconde uma comunhão essencial que ainda está por interrogar? O que há, tanto no *Da* como no *Diese*, que possui o poder de introduzir – de iniciar – o homem na negatividade? E primordialmente, o que significam essas duas partículas?

A leitura que Agamben faz tanto de Hegel quanto de Heidegger aponta para um detalhe para o qual nenhuma leitura filosófica anterior tinha apontado, exatamente pelo fato de

Agamben ser um filósofo linguisticamente advertido. O trabalho de leitura que se iniciou, em *Infância e História*, tanto da obra de Benveniste quanto da de Jakobson se intensificará em *A linguagem e a morte* nessa direção.

Mas antes de se deter em Benveniste e Jakobson, Agamben procura mostrar que o problema da indicação, envolvido em partículas como *Da* e *Diese*, atravessa toda a história da filosofia, e isso desde sua origem. Agamben quer mesmo que esse seja o tema original da filosofia. Para ele, há apenas um retorno dessa origem na linguística do século XX.

Assim, já em Aristóteles, ele encontra uma relação fundamental entre o pronome e a metafísica na reflexão aristotélica sobre a *próte ousía*, a substância primeira, desenvolvida nas *Categorias*. Trata-se em Aristóteles de mostrar que há uma diferença entre o que ele chama de *ousía* segunda e *ousía* primeira. Enquanto para falar da *ousía* segunda nos utilizamos de nomes comuns (homem, cavalo), para referirmo-nos à *ousía* primeira faz-se necessário utilizarmos um pronome (este homem, este cavalo, *ho tìs ánthropos, ho tìs híppos*). Conforme a sentença de Aristóteles, "toda *ousía* parece significar um este algo" (*pâsa dè ousía dokeî tóde ti semaínei, Cat.* 3B, 10). Ora, a consequência que Agamben tira daí é nada menos que afirmar que "o problema do ser – o problema metafísico supremo – mostra-se, portanto, desde o início, inseparável daquele outro do significado do pronome demonstrativo e, por conseguinte, está relacionado desde sempre com a esfera do indicar"[9]. Agamben mostra, a seguir, com a cultura filosófica

---

9 *Ibid.* p. 32.

medieval que lhe é habitual, como todo o pensamento medieval foi sensível à dificuldade colocada pelo texto aristotélico. A exposição das reflexões filosóficas, gramaticais e teológicas medievais constituirá parte considerável da terceira Jornada, do excurso entre a terceira e a quarta jornada, da quarta jornada, e do excurso entre a quarta e a quinta jornada.

Mas já aqui, no excurso entre a segunda e a terceira jornada, Agamben extrai, de sua análise das *Categorias* de Aristóteles, os elementos através dos quais ele colocará o problema a ser desenvolvido na obra. O problema da *ousía* primeira em Aristóteles (portanto o problema da categoria primeira, daquela a partir da qual se dizem todas as outras categorias, na medida em que tudo o que se diz é dito em última instância sempre de um algo, de um isto – e é este algo e este isto que a *ousía* primeira significa, ou melhor, indica) é para Agamben "*o ponto em que se efetua a transição da indicação à significação, do mostrar ao dizer*"[10]. Vemos aqui que já se confundem os termos com que Heidegger e Hegel se referem ao problema (indicação e significação) com os termos com que Wittgenstein colocou para sempre essa questão: mostrar e dizer. O próprio Agamben reconhece suas matrizes ao afirmar: "Não nos devemos admirar, portanto, ao reencontrarmos constantemente, na história da filosofia – não só em Hegel, mas também em Heidegger e em Wittgenstein –, esta conexão original do problema do ser com a indicação"[11]. O problema aqui é o do limite da linguagem enquanto significação. Um limite em que ela se torna indicação. O problema da *ousía* primeira em Aristóteles, e do pronome

---

10 *Ibid.*
11 *Ibid.*

de que ele se serve para indicá-la, marcaria assim uma cisão que constituiria "o núcleo originário de uma fratura, no plano da linguagem, entre mostrar e dizer, indicação e significação, que atravessa toda a história da metafísica e sem a qual o próprio problema ontológico permanece informulável"[12]. A tentativa de formulação desse problema em *A linguagem e a morte* tomará a forma de uma investigação sobre a *Voz*.

Mas antes de chegar ao problema da Voz, Agamben se perguntará o que a gramática antiga e medieval bem como a linguística moderna têm a dizer sobre os pronomes. A conexão entre os pronomes e a esfera da *ousía* primeira já havia sido feita desde os primeiros gramáticos antigos. O pronome se situaria, segundo eles, nos limites das possibilidades da linguagem, significando a *substantiam sine qualitate*. Essa problemática se aproximará, ao longo da Idade Média, da questão dos chamados *trancendentia (ens, unum, aliquid, bonum, verum)* – sobre os quais Agamben tratará detidamente em seu livro seguinte, *A comunidade que vem*. A aproximação entre os pronomes e os *trancendentia* é feita através da noção de *demonstratio*. É necessária, segundo a especulação lógico-teológica desses autores, uma demonstração, uma indicação que efetive e preencha o significado do pronome. Agamben vê nessa especulação uma compreensão do pronome como "a parte do discurso em que se efetua a passagem do significar ao mostrar: o puro ser, a *substantia indeterminata* que ele significa e que, como tal, é, em si, insignificável e indefinível, torna-se significável e determinável por meio de

---

12 *Ibid.* p. 34.

um ato de 'indicação'"[13]. É através do problema da indicação que, segundo Agamben, "o pensamento medieval toma consciência da problematicidade da passagem entre *significar* e *mostrar* que tem lugar no pronome"[14]. Mas ele crê que esse pensamento não consegue explicar isto que caberá à linguística moderna tornar compreensível: a que remetem os pronomes, o que eles indicam, o que eles demonstram?

Nessa leitura que Agamben faz tanto de Aristóteles quanto da gramática medieval, trata-se, para ele, de um novo modo de colocar a antiga questão: o que é o Ser? É um novo modo de resposta a essa questão que ele buscará, e ele encontrará os meios para isso em Benveniste e em Jakobson, mas lendo-os de tal modo que eles estarão a serviço de sua questão. Isto é, ele encontrará ali os termos a partir dos quais poderá colocar a sua questão metafísica fundamental, inscrevendo esses linguistas, ao mesmo tempo, numa tradição na qual eles jamais se imaginariam inscritos, podendo, a partir disso, marcar, inclusive, o limite desses autores.

Trata-se para ele de encontrar em Benveniste e em Jakobson uma teoria dos pronomes, respectivamente, como "indicadores da enunciação" e como "*shifters*". São fundamentais, no que diz respeito a Benveniste, nesse aspecto, os estudos *Natureza dos pronomes* e *Aparato formal da enunciação*. Neles, Benveniste define os pronomes, além de outros indicadores (como advérbios e expressões adverbiais), como termos que remetem à *instância de discurso*. Os pronomes aparecem "como 'signos

---

13 *Ibid.* p. 38.
14 *Ibid.*

vazios', que se tornam 'plenos' logo que o locutor os assume em uma instância de discurso"[15]. Dizer palavras como "eu", "aqui" e "agora" não é remeter a nada que esteja dado fora da operação efetiva da fala, o discurso, mas a algo que só se impõe a partir dessa instância. A noção de instância de discurso pressupõe, então, as oposições entre enunciado e enunciação, linguagem e discurso, ou língua e fala, quer dizer, pressupõe o *acontecimento* da linguagem. O fim dos pronomes seria "operar 'a conversão da linguagem em discurso' e permitir a passagem da *língua* à *fala*"[16]. É o mesmo esforço que define a caracterização que Jakobson faz dos pronomes enquanto *shifters*: "unidades gramaticais contidas em todo *código*, que não podem ser definidas fora de uma referência à *mensagem*"[17]. Agamben pretende pensar as oposições anteriormente estabelecidas por ele, entre dizer e mostrar, significar e indicar, nos termos de que se servem Benveniste e Jakobson: "Aqui [em Jakobson], como em Benveniste, aos *shifters* é atribuída a função de articular a passagem entre significação e indicação, entre língua (código) e fala (mensagem)"[18]. A instância de discurso e a enunciação remeteriam àquele momento em que o homem, ser dotado de linguagem, fala, a esse momento em que a linguagem tem lugar. É exatamente a esse ter-lugar da linguagem que os *shifters* remeteriam. Nesse sentido, o que escapa à linguagem não é o sensível (o que os olhos veem, o que os ouvidos ouvem, o que as mãos tocam) nem o inteligível (o que o pensamento pensa). O que escapa à linguagem não

---

15 *Ibid*. p. 41.
16 *Ibid*.
17 *Ibid*. p. 42.
18 *Ibid*.

é o que não é linguagem. Não é a isso que o *Da* de Heidegger ou o *Diese* de Hegel fariam referência, seja isso o sensível ou o inteligível. O que escapa à linguagem é o próprio ter-lugar da linguagem. Não há passagem do não-linguístico ao linguístico, e não é essa passagem que os pronomes operariam:

> A *dixis*, a indicação – na qual desde a antiguidade foi individualizado o caráter peculiar dos pronomes – não mostra simplesmente um objeto inominado, mas, principalmente, a própria instância de discurso, o seu ter-lugar. O lugar, que é indicado pela *demonstratio* e unicamente a partir do qual todas as outras indicações são possíveis, é um lugar de linguagem, e a indicação é a categoria através da qual a linguagem faz referência ao próprio ter-lugar[19].

Com a categoria de *ter-lugar da linguagem*, Agamben pensa o que ele já havia tentado pensar, em *Infância e História*, com o conceito de *infância*; algo que ele chamou, no prefácio que escreveu anos depois para a edição francesa dessa obra, de *experimentum linguae*:

> Um *experimentum linguae* deste tipo é a infância, na qual os limites da linguagem não são buscados fora da linguagem na direção de sua referência, mas em uma experiência da linguagem como tal, na sua pura autor--referencialidade[20].

---

19 *Ibid.* p. 42-43.
20 Agamben, G. *Infância e História*. Trad. Henrique Burigo. Belo Horizonte: Ed. UFMG, 2005. p. 12.

O *experimentum linguae* é uma experiência não de um objeto mas da própria linguagem, não desta ou daquela proposição, mas "do puro fato de que se fale, de que haja linguagem"[21]. É a partir da categoria de *ter-lugar* (que será umas das fundamentais noções a serem desenvolvidas em *A comunidade que vem*) aplicada à linguagem que Agamben se permitirá ler a noção de enunciação em Benveniste:

> A esfera da enunciação compreende, portanto, aquilo que, em todo ato de fala, se refere exclusivamente ao seu ter-lugar, à sua *instância*, independentemente e antes daquilo que, nele, é dito e significado. Os pronomes e os outros indicadores da enunciação, antes de designar objetos reais, indicam precisamente *que a linguagem tem lugar*. Eles permitem, deste modo, referir-se, ainda antes que ao mundo dos significados, ao próprio *evento de linguagem*, no interior do qual unicamente algo pode ser significado[22].

Mas, com a categoria de ter-lugar da linguagem, Agamben não se permite apenas reler a linguística mas o todo da filosofia ocidental, para quem, segundo ele, "esta dimensão se chama, há mais de dois mil anos, *ser, ousía*"[23]. É a própria palavra "ser" que Agamben passa a entender a partir do "ter-lugar da linguagem". A metafísica, nesse sentido, passa a ser redefinida como "aquela experiência da linguagem que, em cada ato de fala, colhe o abrir-se desta dimensão e, em todo

---
21 *Ibid.*
22 Agamben, G. *A linguagem e a morte*, p. 43.
23 *Ibid.*

dizer, tem, antes de mais nada, experiência da 'maravilha' que a linguagem *seja*"[24].

Ora, não é pequena a proposta de Agamben. Trata-se de propor que o problema do ser, que por mais de dois mil anos importuna o pensamento filosófico ocidental, seja tratado como o problema do ter-lugar da linguagem, que o ser seja o ter-lugar da linguagem. É nesse sentido que podemos afirmar que *A linguagem e a morte* é a obra em que Agamben oferece a sua *onto-logia* fundamental, isto é, a sua teoria do ser e da linguagem, como uma teoria do ser como ter-lugar da linguagem. É evidente que este é o modo como ele mesmo permite-se avançar em relação ao pensamento de Heidegger e de Hegel. Por isso, não é de se espantar que ele conclua esta terceira jornada com as seguintes palavras:

> Isto permite compreender com maior rigor o sentido daquela diferença ontológica que, com razão, Heidegger reivindica como o sempre olvidado fundamento da metafísica. O abrir-se da dimensão *ontológica* (o ser, o mundo) corresponde ao puro ter-lugar da linguagem como evento originário, enquanto a dimensão *ôntica* (os entes, as coisas) corresponde àquilo que, nesta abertura, é dito e significado. A transcendência do ser em relação ao ente, do mundo em relação à coisa, é, primeiramente, transcendência do evento de linguagem em relação à fala. E os *shifters*, as pequenas palavras *isto, aqui, eu, agora*, por meio das quais, na *Fenomenologia do Espírito*, a certeza sensível acredita poder captar imediatamente a

---

24 *Ibid.*

própria *Meinung*, já estão sempre presas nesta transcendência, indicam desde sempre o lugar da linguagem[25].

Ao iniciar a Quarta Jornada, Agamben poderá então reescrever os termos de Heidegger e de Hegel em seus próprios termos: "*Dasein, Das diese nehmem* significam: ser o ter-lugar da linguagem, colher a instância de discurso"[26]. O que devemos perguntar agora é como o problema da Voz se articula com o ter-lugar da linguagem.

O modo como a questão da Voz e da letra surge em *A linguagem e a Morte* é abrupto e inesperado. Ao reler toda a tradição filosófica e teológica que trata do problema do ser, Agamben é conduzido a confirmar a relação do ser com os pronomes e encontrar uma relação entre estes últimos e a Voz. Na teologia e na gramática medievais, essa questão desenvolve-se sobretudo nas discussões relativas ao nome de Deus, isto é, daquele que nessa tradição é o próprio ser. É nesses autores que Agamben encontrará a ideia de que a predicação de um nome a Deus torna esse nome um pronome (*pronominatur*). Isso implica que o nome de Deus não significa mais nada, mas se torna uma indicação que não é nem sensível nem inteligível. A passagem que serve de referência para todos esses autores medievais é o Êxodo, 3.1.3, em que Deus dá a Moisés, como seu nome, a expressão *qui est*, "que é", uma articulação entre o verbo ser e um pronome. Agamben lê nesse limite extremo do pensamento ontoteológico "o próprio ter-lugar do ser". Ele equivale, enquanto nome que nada significa, à reflexão mística hebraica sobre o

---

25 *Ibid*. p. 44.
26 *Ibid*. p. 51.

nome secreto e impronunciável de Deus, *nomen innominabile*, "que se escreve, mas não se lê"[27]. Agamben vê aí "a experiência de significado do próprio gramma, da *letra* como negação e exclusão da voz"[28]. A voz que se exclui da letra não é, no entanto, a Voz que Agamben pensa como sendo o equivalente da letra, ou seja, "como última e negativa dimensão da significação, experiência não mais de linguagem, mas *da* própria linguagem, ou seja, do seu ter-lugar no suprimir-se da voz"[29]. A Voz que Agamben pensa como o equivalente da letra é a Voz que se produz no próprio suprimir-se da voz. Nesse sentido, não faz sentido, para ele, a crítica de Derrida, de que a metafísica seja "simplesmente o primado da voz sobre o *gramma*". E isto porque:

> Se a metafísica é aquele pensamento que coloca na origem a voz, é também verdade que esta voz é, desde o início, pensada como suprimida, como Voz. Identificar o horizonte da metafísica simplesmente na supremacia da *phoné* e crer, então, poder ultrapassar este horizonte por meio do *gramma*, significa pensar a metafísica sem a negatividade que lhe é coessencial. A metafísica já é sempre gramatologia, e esta é *fundamentologia*, no sentido de que ao *gramma* (à Voz) compete a função de fundamento ontológico negativo[30].

Aqui mais uma vez Agamben faz valer sua definição de Metafísica para retificar toda tentativa de superação da metafísica

---

27 *Ibid.* p. 48-49.
28 *Ibid.* p. 48.
29 *Ibid.* p. 49.
30 *Ibid.* p. 61.

no sentido em que Derrida (ou Heidegger) entende esse termo. Na medida em que a negatividade é coessencial à metafísica e isso desde o seu início, apontar para essa negatividade como o elemento que permitiria a sua superação é apenas apontar para aquilo que é, desde a própria metafísica, seu próprio modo de encaminhamento à questão. Nesse sentido, segundo Agamben, Derrida acreditou "ter aberto caminho para a superação da metafísica, enquanto havia, de fato, apenas trazido à luz seu problema *fundamental*"[31]. O mesmo teria ocorrido com a crítica à ontologia de Levinas, que "não faz mais, realmente, do que reconduzir à luz a estrutura negativa *fundamental* da metafísica"[32]. Agamben encontra essa estrutura negativa já dada tanto na filosofia grega quanto na teologia medieval. Ele entende tanto as tentativas de Derrida quanto as de Levinas (e até certo ponto também as de Heidegger) de superação da metafísica como fundadas numa má compreensão da metafísica, num desconhecimento de seu fundamento negativo fundamental. O que esses autores chamam de superação da metafísica é, para Agamben, apenas um esclarecimento daquilo que já é seu fundamento essencial.

No que diz respeito especificamente ao caso de Derrida e à sua elevação da letra à condição de elemento que permitiria superar uma metafísica da voz, Agamben nos mostra como, já desde o *Peri hermeneías* de Aristóteles, a questão da voz encontra-se articulada à questão da letra: "Aquilo que existe na voz é signo das afecções na alma e aquilo que é escrito é signo do que existe na voz", escreve Aristóteles (*De Int.* 16A

---

[31] *Ibid.* p. 60.
[32] *Ibid.* p. 61.

3-7). Agamben lembra que *o que existe na voz* não é simplesmente voz, mas aquilo que a reflexão gramatical grega chamava de "elemento da voz" e que os gramáticos antigos definiam como *gramma*, ou seja, como *phonè énarthros amerés*, como voz articulada sem partes, isto é, indivisível, elementar, o que Agamben entende como *quantum* de voz significante. Daí a resposta da filosofia à pergunta "o que existe na voz?" ser, segundo Agamben: "nada existe na voz, a voz é o lugar do negativo (...). Mas esta negatividade é, porém, *gramma, é, pois, a árthron que articula voz e linguagem e abre, assim, o ser e o sentido*"[33]. Por isso é necessário fazer uma distinção entre Voz e voz. Só é Voz aquilo que na voz é elemento significante, aquilo que quer significar, mesmo que nada signifique. É nesse sentido que a voz animal não pode fazer referência à instância de discurso nem abrir a esfera da enunciação. Somente a voz humana, enquanto Voz, isto é, enquanto voz articulada, enquanto *phonè énarthros* e, ao mesmo tempo, enquanto a *phonè semantiké* de que nos fala Aristóteles, somente a Voz enquanto "não é mais mero som e não é ainda significado, mas *pura intenção de significar*"[34], numa terra de ninguém entre som e significado, somente ela é letra, isto é, "a voz na sua pureza originária como querer-dizer"[35]. Nesse sentido, não é por acaso que esse querer-dizer, que essa *Meinung* se faça presente através dos pronomes na *Fenomenologia do Espírito*, na medida em que são os pronomes que cumprem, como a Voz, essa função de remetimento à instância de discurso, ao ter-lugar da linguagem e, por extensão, ao ser:

---

33 *Ibid.* p. 60.
34 *Ibid.* p. 54.
35 *Ibid.*

Experiência *não mais* de um mero som e *não ainda* de um significado, este "pensamento da voz só" abre ao pensamento uma dimensão inaudita, a qual, indicando o puro ter-lugar de uma instância de linguagem sem nenhum determinado advento de significado, apresenta-se como uma espécie de "categoria das categorias" que subjaz desde sempre a todo pronunciamento verbal, sendo, portanto, singularmente próxima da dimensão de significado do puro ser[36].

O problema da negatividade da linguagem e do ser transforma-se assim no problema do estatuto negativo da Voz, nem som nem sentido, *não mais* voz, mas *ainda não* significado. Há entre a voz e a Voz um suprimir-se onde tem lugar, a cada vez, o ter-lugar da linguagem:

> A voz, a *phoné* animal, é, sim, pressuposta pelos *shifters*, mas como aquilo que deve ser necessariamente suprimido para que o discurso significante tenha lugar. *O ter-lugar da linguagem entre o suprimir-se da voz e o evento de significado é a outra Voz, cuja dimensão onto-lógica vimos emergir no pensamento medieval e que, na tradição metafísica, constitui a articulação originária (a* árthron*) da linguagem humana*[37].

A Voz surge então, para Agamben, "como *shifter* supremo que permite captar o ter-lugar da linguagem, apresenta-se, portanto, como o fundamento negativo sobre o qual repousa

---

36 *Ibid.* p. 55.
37 *Ibid.* p. 56.

toda a onto-logia, a negatividade originária, sobre a qual toda negação se sustém"[38]. Assim, se, em *O que é metafísica?*, Heidegger coloca o Nada como o fundamento da negação, Agamben entende esse nada, esse fundamento, como sendo a Voz. É a Voz, como articulação puramente negativa, que permite abrir a dimensão de significado do ser. Retomando seu ponto de partida em Heidegger e em Hegel, ele pode concluir: "Apreender o Isto', 'ser-o-aí' é possível apenas fazendo a experiência da Voz, isto é, do ter-lugar da linguagem no suprimir-se da voz"[39].

Agamben encontra nos manuscritos das lições que o jovem Hegel ministrou em Jena e que foram publicados como *Jenenser Realphilosophie* esta teoria da Voz como supressão da voz animal: "Todo animal tem na morte violenta uma voz, exprime a si mesmo como si mesmo suprimido (*als aufgehobenes Selbst*)"[40]. É nesse processo da morte violenta que a voz animal não é mais mero signo natural, mas já contém em si o poder do negativo. Ela já não é mais simplesmente o som da palavra. Ela corresponde àquela estrutura negativa do puro querer-dizer, da *Meinung*. Ela é já linguagem e voz da consciência, como se exprime Hegel: "A linguagem, enquanto sonora e articulada, é voz da consciência"[41]. Nas palavras de Agamben, isso significa dizer que a linguagem humana se constitui como "a tumba da voz animal"[42]. É apenas em referência a essa animalidade superada, suprimida, morta, que Hegel

---

38 *Ibid.* p. 58.
39 *Ibid.*
40 *Apud* Agamben, G. *A linguagem e a morte*, p. 66.
41 *Apud* Agamben, G. *A linguagem e a morte*, p. 65.
42 Agamben, G. *A linguagem e a morte*, p. 67.

pode pensar o surgimento da Voz. Nos termos da *Ciência da Lógica*: "a morte do animal é o devir da consciência"[43].

Ora, Agamben nos mostra como Heidegger pretende uma experiência negativa mais originária do que a negatividade dialética de Hegel. No que diz respeito à Voz, a sua negatividade, em Heidegger, quer-se "mais radical, pois não parece repousar em uma voz suprimida"[44]. Entre a voz animal e a linguagem humana há, para Heidegger, um abismo e, precisamente por isso, não pode ter lugar em seu pensamento uma pensamento da voz animal, pois, ao pensar o homem como *Dasein*, Heidegger pretende superar a ideia do homem como animal que possui a linguagem, como *animale rationale*, que ele entende como uma concepção metafísica e também zoológica do homem. Do mesmo modo, toda definição da linguagem a partir da voz é para Heidegger solidária da metafísica, de sua definição da linguagem como *phoné semantiké*, que Heidegger entende como uma articulação entre os planos do animal, do sensível (a *phoné*), e do humano, do inteligível (a *semantiké*). A voz animal não é, para Heidegger, um fundamento negativo suficiente. Ele propõe à linguagem um outro fundamento negativo que não a voz, uma fundamento a seu ver mais originário: o silêncio. Como esclarece Agamben:

> Se o nada que se revela na *Stimmung* é, para Heidegger, mais originário que a negação hegeliana, isto ocorre porque ela não se funda simplesmente em um ter-sido

---
43 *Apud* Agamben, G. *A linguagem e a morte*, p. 70.
44 *Ibid.* p. 79.

da voz, mas em um *silêncio* no qual não parece existir mais nenhum traço de uma voz.[45]

Agamben vê, no entanto, precisamente aqui a insuficiência da crítica de Heidegger à metafísica, dado que Heidegger "pensa a negatividade simplesmente com referência a uma voz, enquanto a metafísica já pensa sempre, na realidade, linguagem e negatividade na perspectiva de uma *Voz*"[46]. É uma crítica semelhante à que ele faz, como vimos, a Derrida e Levinas. Mas Agamben nos mostra, por outro lado, como a tentativa heideggeriana de pensar a linguagem fora de toda referência à voz esconde um "pensamento da voz" oculto em Heidegger. É toda a problemática que se desenvolve na segunda seção de *Ser e Tempo* acerca da Voz da Consciência, essa Voz que não é um proferimento vocal, que não diz nada que se possa falar, mas que é apenas um puro "dar a compreender", que permitirá a Agamben aproximar o pensamento da voz em Heidegger da *vox sola* da lógica medieval, na medida em que "o dar a compreender da Voz é uma pura intenção de significar sem nenhum advento concreto de significado, puro querer dizer que nada diz"[47]. Essa *outra Voz* em Heidegger chama puramente no modo do silêncio, mas de tal modo que Agamben entende esse *silêncio* como *Voz*, isto é, como um puro querer-dizer, entre a voz e o significado. Assim, o pensamento da morte como negatividade fundamental em Heidegger, Agamben o entende como pensamento da *Voz*, ou, nos termos que ele encontra em Heidegger, como pensamento

---

45 *Ibid*. p. 79.
46 *Ibid*.
47 *Ibid*. p. 81.

do Ser: "A experiência do ser é, portanto, experiência de uma Voz que chama sem nada dizer, e o pensamento e a palavra humana nascem somente como 'eco' desta Voz"[48].

Aqui, mais uma vez, Agamben reduz toda pretensão (de Heidegger ou de qualquer outro) de superação da metafísica como superação da voz a uma recaída no interior da própria metafísica:

> O programa heideggeriano de pensar a linguagem além de toda *phoné* não foi, portanto, mantido. E se a metafísica não é simplesmente aquele pensamento que pensa a experiência da linguagem a partir de uma voz (animal), mas, em vez disso, já pensa sempre esta experiência a partir da dimensão negativa de uma Voz, então a tentativa de Heidegger de pensar uma "voz sem som" além do horizonte da metafísica recai no interior deste horizonte. A negatividade que tem o seu lugar nesta Voz não é uma negatividade mais originária, mas indica, também ela, segundo o estatuto de *shifter* supremo que lhe cabe no âmbito da metafísica, o ter-lugar da linguagem e o abrir-se da dimensão do ser[49].

É num movimento semelhante que Agamben questiona a reivindicação de Bataille de uma possível experiência fundamental para além do horizonte da dialética hegeliana naquilo que ele, Bataille, chamou de uma "negatividade sem emprego". Ela exprimiria apenas a articulação negativa no

---

48 *Ibid.* p. 83.
49 *Ibid.* p. 84.

seu originário estatuto fundamental e evanescente que a ela compete no sistema hegeliano. O que não se pode, segundo Agamben, é "querer apostar esta negatividade contra este mesmo sistema e fora dele", pois isso é "perfeitamente impossível"[50]. Não é possível, contra a negatividade dialética, tentando pensar para além do hegelianismo, encontrar fundamento numa experiência mística, muda, de uma "negatividade sem emprego".

Agamben vê, assim, toda a experiência filosófica do século XX como uma tentativa frustrada de superar a metafísica, na qual ele inclui as diferentes filosofias que incorreram no mesmo "erro":

Aqui se faz evidente o limite de toda crítica da metafísica – de que são exemplos tanto a filosofia da diferença quanto o pensamento negativo e a gramatologia – que acredita ultrapassar o seu horizonte radicalizando o problema da negatividade e da não-fundamentação: isto equivale, de fato, a pensar como superação da metafísica uma pura e simples repetição do seu problema *fundamental*[51].

Uma verdadeira superação da metafísica, para Agamben, deveria "encontrar uma experiência da palavra que não suponha mais nenhum fundamento negativo"[52]. Aquilo que vivemos hoje, o niilismo, não é, nesse sentido, senão um retorno da metafísica a seu próprio fundamento negativo.

---

50 *Ibid.* p. 71.
51 *Ibid.* p. 117.
52 *Ibid.* p. 74.

Toda tentativa de superação que não supere esse fundamento negativo é (e nisso Agamben se mantém fiel a Kojève), apenas uma farsa. Para Agamben, uma verdadeira superação da metafísica se revelaria num *êthos*. É a isso que ele se dedicará em suas obras posteriores, mas a que ele já aponta aqui em *A linguagem e a morte*, sobretudo em seu belíssimo anexo *O fim do pensamento*.

Nesse texto, Agamben, partindo da etimologia do verbo latino *pendere*, do qual deriva a palavra "pensamento" nas línguas românicas, define o pensamento como a busca e a pendência da voz na linguagem: "Pensamos – mantemos em suspenso as palavras e estamos nós mesmos como que suspensos na linguagem – porque nela esperamos reencontrar, por fim, a voz. Outrora – disseram-nos – a voz se escreveu na linguagem"[53]. Mas essa pendência da voz na linguagem não tem fim. A metafísica, nesse sentido, como pensamento da Voz, não pode ser superada, ao menos, não no campo do pensamento, uma vez que o pensamento se define por essa pendência. É no campo da ética que uma resolução pode se dar. A ética não é senão, para Agamben, o modo "como cada um *resolva* esta pendência"[54]. Se, por falar, o homem introduz na linguagem essa cisão entre língua e discurso, é no campo da fala (e não do pensamento) que essa cisão pode ser resolvida. Uma fala que é ato no tempo: "Como agora falas, isto é a ética"[55].

---
53 *Ibid.* p. 146.
54 *Ibid.*
55 *Ibid.* p. 147.

Este livro foi composto na tipografia Minion Pro
em corpo 11,2/13,4 em março de 2015.